国家智库报告 2019（2）
National Think Tank
法治指数与法治国情

中国司法公开第三方评估报告（2018）

中国社会科学院　国家法治指数研究中心
法学研究所法治指数创新工程项目组　著

A THIRD-PARTY REVIEW OF THE JUDICIARY
TRANSPARENCY IN CHINA IN 2018

中国社会科学出版社

图书在版编目(CIP)数据

中国司法公开第三方评估报告.2018／中国社会科学院国家法治指数研究中心,中国社会科学院法学研究所法治指数创新工程项目组著.—北京:中国社会科学出版社,2019.3

(国家智库报告)

ISBN 978-7-5203-4024-3

Ⅰ.①中… Ⅱ.①中…②中… Ⅲ.①司法制度—研究报告—中国 Ⅳ.①D926

中国版本图书馆CIP数据核字(2019)第021986号

出 版 人	赵剑英
项目统筹	王 茵
责任编辑	喻 苗
特约编辑	马 明
责任校对	杨 林
责任印制	李寡寡

出　　版	中国社会科学出版社
社　　址	北京鼓楼西大街甲158号
邮　　编	100720
网　　址	http://www.csspw.cn
发 行 部	010-84083685
门 市 部	010-84029450
经　　销	新华书店及其他书店

印刷装订	北京君升印刷有限公司
版　　次	2019年3月第1版
印　　次	2019年3月第1次印刷

开　　本	787×1092　1/16
印　　张	9.5
插　　页	2
字　　数	101千字
定　　价	39.00元

凡购买中国社会科学出版社图书,如有质量问题请与本社营销中心联系调换
电话:010-84083683
版权所有　侵权必究

课题组负责人

田　禾　中国社会科学院国家法治指数研究中心主任、法学研究所研究员

吕艳滨　中国社会科学院法学研究所研究员、法治国情调研室主任

课题组成员

王小梅　栗燕杰　胡昌明　王祎茗　刘雁鹏
赵千羚　冯迎迎　等

报告主要执笔人

吕艳滨　田　禾　赵千羚　冯迎迎

本评估开展过程中，北京法意科技有限公司在数据提取方面，北明软件有限公司、北京市高级人民法院执行局刘酉谓在数据统计分析方面给予了帮助与支持，特此致谢！

摘要： 司法公开是落实宪法法律原则、保障人民群众参与司法的重大举措，是深化司法体制综合配套改革、健全司法权力运行机制的重要内容，是推进全面依法治国、建设社会主义法治国家的必然要求。党的十八大以来，中国司法公开规范化、制度化、信息化水平显著提升，开放、动态、透明、便民的阳光司法机制已经基本形成，在保障人民群众知情权、参与权、表达权和监督权方面发挥了重要作用。

为了深化司法公开工作，查找司法公开存在的问题，明确改进方向与完善路径，推动全国各级法院司法工作向纵深发展，最高人民法院2018年委托中国社会科学院法学研究所课题组对全国31个省、自治区、直辖市以及新疆生产建设兵团的部分人民法院开展了司法公开第三方评估。

评估发现，在审判流程信息公开方面，最高人民法院主导建立了统一公开平台，各地法院努力统一信息公开标准，重视网站使用便利性。受评估法院全部具备向当事人公开流程信息的条件，各地法院提供了案件信息和办理进度查询入口，一些法院短信推送功能配置较好。在裁判文书公开方面，各地法院普遍建立了裁判文书不上网审批机制，审批流程较规范，一些法院公开的裁判文书不上网理由较为详细明了,有效提升了公开水平。

评估建议,司法公开工作要牢固树立司法为民意识,坚持用户导向,关注当事人和社会公众的信息获取需求,要进一步提高在统一平台集中发布信息的认识,理顺统一平台与各法院平台间的关系,完善各项信息公开制度并明确公开标准。

关键词: 司法公开 司法透明度 第三方评估 法治指数

Abstract: Judicial openness is an important measure to implement the principles of constitution and law and ensure the people's participation in justice. It is an important content to deepen the comprehensive reform of the judicial system and improve the operation mechanism of judicial power. It is also an inevitable requirement to promote the comprehensive rule of law and build a socialist country ruled by law. Since the 18th National Congress of CPC, the level of standardization, institutionalization and informationization of judicial openness in China has been significantly improved. The sunshine judicial mechanism of openness, dynamic, transparent and convenient for the people has basically formed, which has played an important role in guaranteeing the people's right to know, to participate, to express and to supervise.

The evaluation found that the Supreme People's Court led the establishment of a unified open platform for information disclosure in the trial process. The courts around the country strived to unify the standards of information disclosure and attached importance to the convenience of website use. The assessed courts have all the conditions to disclose process information to the parties. The courts around the country have provided case information and access to inquiry on processing progress. Some courts have better configuration of short message push function. As for the publicity of adjudicative documents, local courts have generally established a mechanism for the examination and approval of adjudicative documents not on‑line, and the process of examination and approval is more standardized. The reasons for the publication of adjudicative documents not on-line by some courts are more detailed and clear, which effectively improves the level of publicity.

The evaluation suggests that judicial publicity work should firmly establish judicial awareness of public opinion, adhere to user orientation, pay attention to the information acquisition needs of the parties and the public, further enhance the awareness of centralized publication of information on the unified platform, straighten out the relationship between the unified platform and the various court platforms, improve the information publicity system and clear disclosure standards.

Key Words: Judicial Openness; Judicial Transparency; Third Party Evaluation; Rule of Law Index

目　录

导言 …………………………………………（1）

一　评估对象 ………………………………（3）

二　审判流程信息公开 ……………………（5）
　（一）审判流程信息公开（向公众公升）……（5）
　（二）审判流程信息公开（对当事人公开）
　　………………………………………（21）

三　裁判文书公开 …………………………（37）
　（一）评估内容和评估方法 ………………（37）
　（二）裁判文书上网率 ……………………（42）
　（三）不上网审批 …………………………（48）
　（四）上网及时性 …………………………（57）
　（五）不上网裁判文书信息项公开情况 ……（61）

（六）裁判文书撤回 ………………………（67）
（七）保障机制 ……………………………（70）
（八）完善建议 ……………………………（79）

附件

一　中国司法公开评估对象 ………………（88）
二　最高人民法院关于进一步深化司法
　　公开的意见 ……………………………（102）
三　最高人民法院关于人民法院通过互联网
　　公开审判流程信息的规定 ……………（121）
四　最高人民法院关于人民法院在互联网
　　公布裁判文书的规定 …………………（127）

参考文献 ……………………………………（134）

后记 …………………………………………（136）

导　言

党的十八大以来，全国法院紧紧围绕全面依法治国的重大战略部署，开展了多项改革措施，不断推进审判体系和审判能力现代化。为了贯彻党中央关于进一步深化司法体制改革的总体部署，深入推进阳光司法，让人民群众在每一个司法案件中都感受到公平正义，最高人民法院2013年就提出建立完善审判流程公开、裁判文书公开、执行信息公开三大平台，并选择部分法院开展试点工作。①

2016年11月5日，最高人民法院在第十二届全国人民代表大会常务委员会第二十四次会议上所作的《关于深化司法公开、促进司法公正情况的报告》提出，人民法院将司法公开三大平台内容扩展至审判流程公开、庭审活动公开、裁判文书公开、执行信息公

---

① 参见《最高人民法院关于推进司法公开三大平台建设的若干意见》。

开四大平台载体，总结了司法公开的成效，提出了今后的发展路径。

为了深化司法公开工作，查找司法公开存在的问题，明确改进方向与完善路径，推动全国各级法院司法工作向纵深发展，最高人民法院 2018 年委托中国社会科学院法学研究所课题组对全国 31 个省、自治区、直辖市以及新疆生产建设兵团的部分人民法院开展了司法公开第三方评估，具体包括审判流程信息公开、裁判文书公开和庭审活动公开三部分。庭审活动公开的评估报告此前已经对外发布，本报告是对审判流程信息公开和裁判文书公开情况的分析。

一 评估对象

对审判流程信息公开的评估，共抽取了全国31个省、自治区、直辖市以及新疆生产建设兵团的128家法院作为评估对象（见附件），具体包括：（1）各省、自治区、直辖市高级人民法院，新疆维吾尔自治区高级人民法院生产建设兵团分院（共32家法院）；（2）各省省会、自治区首府所在地的中级人民法院，直辖市高级人民法院所在辖区的中级人民法院，新疆生产建设兵团第一师中级人民法院（共32家法院）；（3）各省、自治区、直辖市、新疆维吾尔自治区高级人民法院生产建设兵团分院所有基层人民法院中，2017年度前三季度新收案数量处于第1位、中位的基层人民法院（共64家法院）。

裁判文书公开的评估，在全国31个省、自治区、直辖市以及新疆生产建设兵团选取了160家法院作为评估对象（见附件），具体包括：（1）各省、自治区、直辖市高级人民法院，新疆维吾尔自治区高级人民法院生产建设兵团分院（共32家法院）；（2）各省省会、自治区首府所在地的中级人民法院，直辖市高级人民法院所在辖区的中级人民法院，新疆生产建设兵团第一师中级人民法院（共32家法院）；（3）各省、自治区、直辖市、新疆生产建设兵团所有基层人民法院中，2017年度前三季度新收案数量自高到低处于第1位、中位、2/3位的基层人民法院（共96家法院）。

二 审判流程信息公开

审判流程信息公开的评估包括两部分内容：向案件当事人和诉讼代理人公开个案的审判流程信息和向社会公众公开与人民法院审判工作紧密相关的公共信息。

（一）审判流程信息公开（向公众公开）

1. 评估内容和评估方法

（1）评估内容

本次评估以中国审判流程信息公开网为观测平台，评估128家法院在此平台上公开审务信息的情况，内容包括：法院概况、人员信息、诉讼指南、开庭公告、名册信息五项内容。

根据最高人民法院《关于推进司法公开三大平台建设的若干意见》，人民法院应当通过审判流程公开平台，向公众公开以下信息：法院地址、交通图示、联系方式、管辖范围、下辖法院、内设部门及其职能、投诉渠道等机构信息；审判委员会组成人员、审判人员的姓名、职务、法官等级等人员信息；立案条件、申请再审、申诉条件及要求、诉讼流程、诉讼文书样式、诉讼费用标准、缓减免交诉讼费用的程序和条件、诉讼风险提示、可供选择的非诉讼纠纷解决方式等诉讼指南信息；审判业务文件、指导性案例、参考性案例等审判指导文件信息；开庭公告、听证公告等庭审信息；人民陪审员名册，特邀调解组织和特邀调解员名册，评估、拍卖及其他社会中介入选机构名册等名册信息；等等。

法院概况主要是对法院通过门户网站公开本院内设机构信息、法院管辖范围、法院联系方式的情况进行评估，公开这些信息有助于公众到法院提起和参与诉讼。其中，内设机构信息评估主要是观察相关法院是否公开了本院内设机构及其职能信息；法院管辖范围用来评估有关法院是否公开了本院的案件管辖范围；法院联系方式主要用来观察法院是否公开了法院地址和联系电话。

人员信息主要对各法院公开本院人员信息的情况进行评估，具体包括：（1）领导信息，含姓名、性别、年龄、职务、法官等级（领导无法官等级的除外)、简要经历；(2)审判人员信息，含姓名、学历、法官等级等。

诉讼指南信息评估是否公开了对当事人的诉讼权利和义务、诉讼流程、法律文书样本、诉讼风险告知等内容。通过门户网站、印制材料等提供系统、全面、准确的诉讼指南，有助于直接、高效地宣传司法审判的相关事项，方便案件当事人和普通公众了解案件办理流程以及自身权利义务和诉讼风险，进而对案件审判过程及自身处境形成基本判断和预期。设置该项指标的目的是对各法院诉讼指南的公开情况和准确性进行评估。具体评估路径是，通过中国审判流程信息公开网观察其设置诉讼指南栏目及全面公开诉讼指南的情况，并对各高级人民法院公开的诉讼指南与法院自身门户网站或者司法公开平台的一致性进行比对。

开庭公告主要对法院发布开庭公告的及时性、全面性进行评估。

名册信息主要对法院是否发布人民陪审员名册，是否公开人民陪审员产生流程，是否公开评估、拍卖及其他社会中介入选机构名册进行评估。

(2) 评估方法

课题组通过中国审判流程信息公开网观察被评估法院面向公众公开审判流程信息的情况，并就诉讼指南的公开内容与评估对象门户网站所公开的内容进行了比对。

各项指标的评估截止时间如下：开庭公告、名册信息栏目（2018年2月7日），诉讼指南（2018年1月31日），人员信息（2018年3月6日），法院概况（2018年2月4日）。

2. 发现的亮点

（1）统一公开平台，一网打尽法院信息

最高人民法院开通了中国审判流程信息公开网，作为统一的公开平台，公开各类审判流程信息，其面向一般社会公众集中公开全国法院的基本信息，如机构设置、法官名录、诉讼指南、开庭公告、名册信息等，面向案件当事人公开审判流程节点信息。这一做法有助于方便公众和当事人查询法院相关信息及审判流程信息，避免其在各法院网站平台查询过程中可能遇到的网站不好查找等问题的出现，实现了上一个网站，查遍全国法院信息的目标。

（2）统一信息公开标准，避免各行其是

长期以来，各地法院在法院基本信息和审判流程信息公开方面内容标准不统一，一定程度上影响到公众查询信息。而通过在最高人民法院开通的中国审判流程信息公开网集中发布全国法院的基本信息和审判流程信息，有助于统一相关信息的公开标准，有效地避免了长期以来各地法院在公开审判流程信息方面各行其是，公开内容不一致、公开方式不统一等问题。

（3）重视网站使用便利，提升用户体验

在互联网公开司法信息最核心的是要具有用户导向，要站在公众查询信息的角度配置相关功能，以确保平台的友好性。中国审判流程信息公开网开通后，在注重方便公众查询和获取信息、提升用户体验方面可圈可点。如在诉讼指南栏目、名册信息栏目、开庭公告栏目发布信息的页面右下角设置"下载"功能，且经验证下载功能有效，方便当事人和公众获取信息、保存信息。又如，中国审判流程信息公开网还配置了较为方便的信息检索功能。在开庭公告栏目可以输入关键词进行搜索，比如开庭日期、当事人、开庭地点均可输入，经验证搜索均有效。诉讼指南栏目设置了分类搜索框，点击不同案件类型可以搜索出同一类案件的所有相关信息，节省了逐一浏览的时间，提高了公众查找信息的效率。

3. 存在的问题

（1）法院的基本信息公开不规范

法院基本信息包括法院简介、内设机构等信息，向公众公开这些信息，有助于公众了解法院的管辖范围、所在方位，以及可以找法院哪些内设机构办事，等等。评估发现，中国审判流程信息公开网上发布的法院的基本信息如法院简介、组织机构等信息公开存在缺位，很多信息没有有效公开。

①部分基本信息未公开

法院简介是公众了解法院基本情况的重要信息，应包含法院的地址、联系方式、管辖范围等内容。评估发现，128家法院中，有57家法院未在中国审判流程信息公开网上公开法院地址；有58家法院未公开法院联系电话；有49家法院既未公开法院地址，也未公开法院联系电话；128家法院均未在法院简介栏目下明确公开本院的管辖范围，有的法院仅是很笼统地提及如"本院审理法律规定的由它管辖的第一审案件"，如此表述无法让公众清楚某一法院到底管辖什么样的案件。机构设置栏目应发布法院的组织机构名称及机构职能（职责）。但评估发现，在组织机构栏目中，128家法院仅列出了机构名称，并无机构职能或职责的介绍。

②公开信息定位不明确

发布的信息存在轻公开、重宣传的问题，在法院简介栏目中发布大量与法院、司法无关的信息。如某中院的法院简介中包含了很多当地的简介而不是该法院的简介，与法院的职能和业务内容无关。再如很多法院在"法院简介"栏目中罗列了本院的获奖信息、法院的成绩等类似工作报告的内容。

③公开信息内容不准确

发布在中国审判流程信息公开网上的信息不够准确。比较典型的是,有的法院发布的简介信息过于粗糙、简单。如某中院的法院简介只显示了"政治部"三个字和联系方式,某中院的联系电话仅公布了区号,而邮编仅从位数来看就是错误的,某中院的组织机构仅公开了三个部门。

④信息与栏目定位不符

信息栏目应当发挥归集同类信息、引导公众查询的作用,但不少法院发布信息没有充分重视信息内容与栏目定位的关系,导致信息发布混乱。评估发现,有的法院把组织机构职能发布在法院简介栏目中;有的高院把下辖的中级法院和基层法院的职能也发布在本院简介中;有的法院把其他法院的简介发布在本院的法院简介栏目中。

(2) 法院人员信息内容缺失

法院人员信息包括法院领导信息、审判人员信息等。公开法官名录等法院人员信息是审判流程信息公开的基础,公众和当事人参与司法审判活动,必然需要了解法院的基本情况,这是其参与司法程序的基础,也是监督与规范司法权力运行的前提。

①人员信息公开不到位

不少法院存在未公开或者未全部公开人员信息的

情况。128家法院中有52家法院未公开任何人员信息，页面显示"暂无数据"；有的法院仅公开了几位法官的信息，如有的高院仅公开了院长的信息，有的高院仅公开了1位副院长的信息，有的高院仅公开了部分法官的信息。

②公开信息内容不规范

评估发现，部分法院虽然公开了法院人员信息，但部分信息项的公开不够规范。有的法院所列人员信息"性别"一栏为空白，有的法院公开的法官名录列表中"职务"一列出现了"其他"字样。

③公开的信息放置无序

对公开的人员信息做好分类，标明职务、级别，有助于提升公开效果。评估发现，有的法院并未根据法院的人员信息的类别进行有序发布。如某基层法院，序号1人员对应的职务是副庭长，对应的部门是其人民法庭；序号2人员对应的职务是庭长，对应的部门是立案二庭；序号3人员对应的职务是法官，对应的部门是执行一庭；序号4人员对应的职务是法官，对应的部门是刑庭……序号25人员对应的职务是院长，对应的部门是院长室。排序不规则容易影响公开效果。

(3) 开庭公告公开有待改进

开庭公告是人民法院依照诉讼法的规定，对于应当公开开庭审判的案件,先期应向社会公布当事人姓名(名称)、案由、开庭时间和地点等内容的司法文书。及时公布开庭公告是社会公众行使参与旁听等权利的基本要求,最高人民法院《关于推进司法公开三大平台建设的若干意见》第 8 条规定:"人民法院的开庭公告、听证公告,至迟应当于开庭、听证三日前在审判流程公开平台公布。"① 评估显示,开庭公告的公开情况仍有改进空间。

①未在平台发布开庭公告

评估显示,近六成法院未通过中国审判流程信息公开网发布任何开庭公告,128 家法院中有 76 家法院开庭公告栏目显示为"暂无数据"。32 家高院中有 17 家高院未发布开庭公告,32 家中院中有 20 家中院未发布开庭公告,64 家基层法院中有 39 家基层法院未发布开庭公告。课题组 2018 年 4 月 2 日对 128 家法院最新的开庭公告进行了观察,结果显示,52 家发布了开庭公告的法院中,有 21 家法院发布了 2018 年的开庭公告,30 家法院未发布 2018 年的开庭公告,1 家法院仅发布了 2016 年的开庭公告。另外,上述法院中,有 2 家法院仅公开了 2 条开庭信息。这也说明,在中国审判流程信息公开网上发布开庭公告尚未成为常态。

---

① 参见最高人民法院《关于推进司法公开三大平台建设的意见》。

②开庭公告发布不及时

按照诉讼法的要求，开庭公告应当于开庭前3日发布，但评估发现，开庭公告发布迟延的情况较为突出。课题组从每个法院随机抽查了5个开庭公告，对其发布的及时性进行了观察。结果显示，128家法院中，有33家法院部分开庭公告晚于开庭前三天发布，有7家法院被抽查的开庭公告全部晚于开庭前三天发布，仅10家法院所抽查的开庭公告均在开庭前三天发布。有的法院甚至在开庭后才通过网站发布开庭公告。如某法院2018年1月28日发布："我院定于2018年01月26日09时00分在本院第六法庭依法公开审理王某与刘某某离婚纠纷。"某法院2017年5月2日发布："我院定于2017年04月13日00时00分在本院第一审判庭依法公开审理曹某某与吕某、崔某某民间借贷纠纷。"如此滞后发布的开庭公告显然成了一种摆设。

③开庭公告内容不全面

为了保障社会公众的旁听权和监督权，开庭公告应公开案号、案件当事人、案由、开庭日期和时间、地点、合议庭组成人员或者承办法官等内容。评估发现，52家通过中国审判流程信息公开网发布此类信息的法院中，仅有安徽高院和合肥中院2家法院公开了开庭公告的所有信息；其余50家法院仅在开庭公告中公开了上述部分信息，即只公开了开庭日期和时间、地点、案由、当事人。

④发布公告内容不规范

评估发现，有的法院的开庭公告内容未能正常显示；有的开庭时间明显有误，如某法院发布了27条开庭公告开庭时间显示为"00：00"；有的法院开庭地点简写令人难以理解，如某法院发布的一条开庭信息"我院定于2017年12月22日10时00分在本院审判一庭（3-1-37）依法公开审理刘某等走私、贩卖、运输、制造毒品罪一案"。其中的"3-1-37"指代不明确。

(4) 诉讼指南有较大提升空间

诉讼指南包括当事人的诉讼权利和义务、诉讼流程、法律文书样本、诉讼风险告知等内容。系统、全面、准确的诉讼指南有助于直接、高效地宣传司法审判的相关事项，方便案件当事人和普通公众了解案件办理流程以及自身权利义务和诉讼风险。

①诉讼指南及内容缺失问题突出

评估期间，128家法院中有80家法院的"诉讼服务指南"栏目显示"暂无数据"，即未通过中国审判流程信息公开网发布任何信息。其中，32家中院中有24家法院未发布诉讼指南，64家基层法院中有56家法院未发布诉讼指南。发布了诉讼指南的48家法院中，有32家法院未发布诉讼流程信息；有14家法院发布了部分诉讼流程信息；有13家法院未发布诉讼费用标准；有14家未发布诉讼风险。

②诉讼指南展示形式有待优化

中国审判流程信息公开网设置的"诉讼服务指南"栏目设计了分类发布模式，即各级法院按照案件类型（民事、刑事、行政、赔偿、执行、其他）分类发布诉讼指南。评估发现，有些法院未有效发布信息，如某高院发布标题为"诉讼指南"的信息，而点开后显示的是题为"诉讼流程图"的页面；某中院堆砌了所有指南信息，公众须打开文章逐一查找自己所需信息，十分不方便；某高院发布了5条标题为"诉讼指南"的信息，实际上是不同案件类型的立案须知；等等。

③以法规文件替代指南

"诉讼服务指南"栏目应用来发布诉讼指南，且内容应通俗易懂，不应照搬法律条文，以为当事人进行诉讼或者公众了解诉讼提供基本的指引服务。但某高院在诉讼指南栏目仅简单照搬了3个制度性文件，难以发挥指南功效。与诉讼相关的制度文件发布在此栏目无可厚非，但是仅发布3个制度性文件会让缺乏法律知识背景的公众难以了解诉讼权利、义务和面临的诉讼风险。

④内容发布权限不清

中国审判流程信息公开网设置的"诉讼指南"栏目包含"诉讼服务指南"和"文书样式"2个子栏目。"文书样式"栏目全部为最高人民法院发布的诉讼文书样式,并且只有最高人民法院可以在此栏目发布内容。评估发现,有不少法院在"诉讼服务指南"栏目中也发布文书样式。如果诉讼文书样式由最高人民法院统一发布,那么其他法院则不必也不应再在诉讼指南栏目发布文书样式,如果各个法院可以发布自己的诉讼文书样式,那么应开放权限让各法院发布到文书样式栏目。

⑤多平台信息内容不一致

总体来看,评估数据采集期间,各法院在中国审判流程信息公开网公开的信息量较少,其自身门户网站和司法公开平台公开的信息较为丰富、详细。课题组将32家高院在中国审判流程信息公开网发布的诉讼指南信息与其法院门户网站或者司法公开平台上发布的诉讼指南栏目中发布的信息进行了比对,结果发现,仅1家高院在中国审判流程信息公开网发布的信息与其自身网络平台上所发布的内容一致。

(5) 各类名册信息公开有待加强

名册信息指标主要评估人民陪审员名单,人民陪审员产生流程，评估、拍卖及其他社会中介入选机构名册的公开情况。评估显示，128家法院中，有90家法院未公开人民陪审员名单，128家法院均未公开人民陪审员产生流程，有77家法院未公开评估、拍卖及其他社会中介入选机构名册信息，内容缺失较为严重。

4. 完善建议

第一，提高在统一平台集中发布信息的认识。中国审判流程信息公开网的建立旨在打造一个"开放、动态、透明、便民"的全国统一的司法公开平台，努力构建让人民群众满意的阳光司法机制。公众可以在此平台上查询任何一个法院的司法信息，获取所需的诉讼知识。但评估显示，平台信息发布存在各种不尽如人意的现象，信息发布量小，信息发布不规范，信息发布内容不准确，等等。绝大部分法院对在中国审判流程信息公开网发布信息的重要性和必要性还存在认识偏差，甚至认为这项工作是额外的负担，对此，还有必要通过宣传、培训，统一各级法院对于集中公开的重要性的认识；尤其是，应以在统一平台按照规定发布信息为司法公开的最低要求，以各分院自行发布个性化内容为补充。

第二，理顺统一平台与各法院平台间的关系。将在统一平台向社会公众发布审务信息作为规定动作的前提，还应理顺该平台与各法院自身平台之间的关系。

目前，大多数法院都有自己的门户网站，不少法院还建立了本省或者本院的司法公开平台；因此，处理好统一平台和各级法院的平台之间的关系尤为重要。中国审判流程信息公开网作为全国统一的发布平台，发布的信息内容与形式、一级栏目二级栏目的设置相对固定，在这种统一模式化的发布平台中，地方各级法院需要按照标准模式发布信息，难免会因为增加了额外的工作量导致工作推进不力。因此，应在技术上解决统一平台与各级法院自身平台之间的互联互通，或者在平台和各级法院之间建立相应的链接，实现统一平台和各级法院网站之间信息的自动对接与抓取。必要时也可以考虑开放权限，允许各级法院对本院发布的信息进行维护，自行向相关栏目推送信息。

此外，中国审判流程信息公开网统一了公开标准和公开模式后，可能会限制各地法院个性化地公开本院相关信息，这就需要最高人民法院注意协调统一标准与各地自主性之间的关系，避免让统一平台限制了法院信息发布的丰富性和多样化。同时，在统一平台个性化定制空间较小的条件下，还应鼓励各级法院自行创新发布形式和发布内容。

第三，完善流程信息公开制度、明确公开标准。目前，各级法院在中国审判流程信息公开网上发布的信息内容、格式、方式不一，归根结底是目前的公开标准还不够明确、具体。最高人民法院于2018年11月20日印发的《关于进一步深化司法公开的意见》再次明确了审务信息公开的范围，但仍较为原则。因此，建议在现有司法解释基础上，进一步结合技术手段的运用，明确在中国审判流程公开平台发布审务类信息的规范、标准乃至责任主体，如诉讼文书样式的发布权限，即究竟是由最高人民法院统一发布还是各法院都可发布；还应建立审核监督机制，对下级法院发布后的信息进行监督检查，如果未按照规定发布则将信息删除并进行通报，对做得较为规范的法院予以表彰，逐渐形成规范有序的信息发布秩序。

第四，坚持用户导向、关注公众信息获取需求。中国审判流程信息公开网上应如何公开信息、公开的方式方法和内容质量如何，不可忽视其用户群体（一般公众、案件当事人、律师等）的感受。为此，必须坚持用户导向，关注和满足其需求。建议进一步收集、研究和分析中国审判流程信息公开网的用户群体的使用感受、意见建议，梳理其对统一平台的使用需求，进而转换为完善平台建设，优化功能的技术需求。

（二）审判流程信息公开（对当事人公开）

面向当事人公开的审判流程信息是各类案件审判过程中的过程性信息，如立案信息、案件适用程序、合议庭组成人员、开庭时间地点、审限等。向当事人及其代理人等公开上述信息，有助于让每个个案当事人及时知晓自身案件的进展程度、法院司法权力运行情况，也有助于其预判自身诉讼风险，并倒逼司法权规范运行和司法水平提升。

1. 评估内容和评估方法

（1）评估内容

本部分的评估内容为法院通过案件查询系统中向案件当事人、诉讼代理人及辩护人公开审判流程节点信息的情况，包括是否向案件当事人、诉讼代理人及辩护人推送有关信息以及公开的信息是否准确。评估选取的流程节点信息包括：立案日期、适用程序、程序变更事由、变更后适用程序、书记员及其联系方式、合议庭组成人员及其角色、审判组织成员变更信息、开庭时间及地点、宣判时间、裁判文书送达时间及方式、结案日期等流程节点信息。

（2）评估方法

为了获取评估所需的数据，课题组在最高人民法院的专网环境下，利用各评估对象提供的后台账号及密码登录每个法院提供的审判流程信息管理系统，查询受评案件的短信推送情况，观察是否向有关当事人推送案件流程节点信息；比对审判流程信息管理系统中的案件流程节点信息与所调取的案卷中记载的信息是否一致，来验证审判流程信息管理系统中录入信息的准确性。

为了比对流程节点信息的准确性，课题组从128家法院调取了部分案卷。课题组从2017年1月1日到6月30日间结案的案件信息中抽取案件，并要求有关法院提供对应的电子案卷。课题组随机抽取案件后，登录各法院审判流程信息系统进行案件信息节点的采集，然后将采集的信息与案卷进行比对。

2. 发现的亮点

评估发现，受评估法院全部具备向当事人公开流程信息的条件。31个省、自治区、直辖市高级人民法院及新疆维吾尔自治区高级人民法院生产建设兵团分院均开通了各自的审判流程信息公开平台。经课题组验证，系统均运行有效。

各地法院提供了案件信息和办理进度查询入口，有的在系统首页直接设置案件信息查询搜索框，有的通过设置二级栏目提供查询，如"案件信息""案件进展查询"。当事人可通过该系统查询自身案件的审判流程节点信息，如立案信息、当事人信息、审判人员信息、开庭信息、文书送达等节点信息。这有助于方便当事人和诉讼代理人查询案件审判流程信息，及时了解案件进展程度。

部分法院短信推送功能配置较好。短信推送是向当事人公开审判流程节点信息的重要方式，其主要是依据案件审理进度，由法院借助手机短信主动向当事人推送有关的节点信息。评估发现，部分法院短信推送功能配置较为完善，不仅主动向当事人推送了案件节点信息，还推送了其他与案件有关的案件动态信息。

有的地区三级法院均可短信推送案件节点信息。评估发现，青海、宁夏、西藏、吉林及山西5个地区的三级法院均不同程度地向当事人推送了审判流程节点信息的短信。例如，从青海高院诉讼无忧平台可以查询到，青海高院、西宁中院、西宁城东法院及尖扎法院4家法院均向当事人推送了审判流程节点信息。有的案件推送了结案的短信，有的案件推送了立案、开庭、结案的短信。除了本次评估指标中的短信推送内容，青海法院还向当事人推送了其他案件动态信息，如扣除审限、庭长确认分案、预定法庭及变更承办人的短信，这有利于当事人及时了解案件进展情况，并为参与诉讼做准备。

评估开展过程中，2018年2月开始，河北、青海、宁夏、江苏新收案件的审判流程信息，开始通过中国审判流程信息公开网的统一平台、12368短信平台、微信服务号和小程序向当事人、代理人公开。2018年9月1日起，全国31个省、自治区、直辖市法院和新疆生产建设兵团法院全部开始通过统一平台向当事人、代理人公开新收案件的审判流程信息。

3. 存在的问题

但在评估中也发现，面向当事人的审判流程信息公开在信息系统运行情况、信息准确性等方面还有不少问题，需要逐步加以改善。

（1）审判流程信息管理系统运行不稳定

审判流程信息管理系统是各评估对象集中发布辖区内审判流程信息的统一平台，也是当事人查询案件信息的后台；因此，平台建设情况的好坏直接关系到审判流程信息公开质量及当事人查询案件信息、了解案件进展动态是否便利。评估发现，有的评估对象的审判流程信息管理系统存在运行不稳定的现象，页面跳转时间过长，查询一个案件信息需要耗费很长的时间。其具体表现为以下几种现象：一是输入案件案号点击查询后，页面一直没有反应，需要多次退出重新登录才可显示信息；二是变换不同浏览器，在不同时间登录查询，页面才可能正常显示；三是变换不同浏览器，在不同时间多次反复登录查询，页面始终没有反应。这都会严重影响当事人使用该系统的体验，甚至影响其了解案件进展情况。

（2）部分流程节点信息录入不完整

全面、完整地录入案件流程节点信息是通过审判流程信息管理系统向当事人及其诉讼代理人及时准确地公开自身案件信息及进展动态的基础。评估发现，评估对象审判流程信息公开平台普遍存在案件信息录入不完整的问题，影响公开效果及当事人的使用效果。

①书记员信息录入不完整

有的法院案件漏录书记员信息。一是案件信息查询系统中没有此信息项。评估发现，有37家法院审判流程信息管理系统中无书记员信息项，涉及11家高院、11家中院、15家基层法院。

二是有书记员信息项，但是内容为空白。评估发现，有1家法院审判流程信息管理系统中无书记员信息项。

三是书记员信息内容不完整，只录入了部分信息。有345件案件只公开了书记员姓名，但是无书记员联系方式这一项信息。书记员信息不完整不能确保当事人及时有效地联系到书记员，了解相关案件信息。

②合议庭组成人员信息录入不完整

有 20 家法院存在合议庭组成人员姓名及其角色信息录入不完整的情况，共涉及 80 件案件。具体表现为：漏录个别合议庭组成人员信息，或只录入了承办人信息，审判人员信息公开不完整；有的只录入了主审法官的信息，漏录人民陪审员信息。

③未录入案件适用程序

公开案件适用程序及其变更信息，一方面，有利于促进案件程序本身的规范；另一方面，对于保障当事人的诉讼权利意义重大。但是评估发现，有 36 家法院因系统中未设置适用程序这一节点信息项，导致系统中未记载案件适用何种程序，涉及 11 家高院、7 家中院和 18 家基层法院。

有 11 家法院没有对适用程序变更事由进行说明，且均是基层法院，共涉及 27 件案件。如某些案件，系统中的案件审限信息栏目下的审限变更类别一栏录入的是"简易转普通"，但是并没有对变更事由进行说明，其他信息栏目也没有程序变更事由信息项。

④开庭时间、地点等信息录入不完整

有 25 家法院在审判流程信息管理系统中没有设置开庭时间及地点信息项，包括 5 家高院、5 家中院和 15 家基层法院。

有 16 家法院在审判流程信息管理系统中有开庭

时间与地点信息项，但是未录入任何信息，内容为空白，含2家高院、4家中院和10家基层法院，共涉及38件案件。

有16家法院只录入了部分开庭信息，含5家高院、3家中院和8家基层法院，共涉及30件案件。一是有的法院只录入了开庭时间，但没有公开开庭地点。二是有的法院只录入了一次开庭信息，但实际开庭两次以上。

⑤裁判文书送达方式、时间信息录入不完整

案件卷宗中有裁判文书送达回证及邮寄单凭证，上面记载了送达方式和时间信息，但是评估发现有的法院并未录入上述节点信息。有70家法院在案件查询系统中没有设置裁判文书送达方式及时间信息项栏目，包括20家高院、15家中院和35家基层法院。还有3家法院的案件查询系统中只设置了裁判文书送达时间，未设置送达方式信息项。

有25家法院案件查询系统中设置了裁判文书送达方式、时间信息项或者栏目，但是送达方式、时间的内容均为空白，包括7家高院、7家中院和11家基层法院，共105件案件。

有16件案件录入了部分信息。例如，有的案件只录入了送达方式，没有录入送达时间；有的未录入送达日期。

⑥结案时间信息录入不完整

有 8 家法院在审判流程信息查询系统中未设置结案时间信息项。此外，有 9 家法院案件查询系统中设置了结案时间信息项，但是该信息项内容未录入，共涉及 16 件案件。

（3）系统中的信息与电子卷宗记载不一致

审判流程信息管理系统不仅要全面、完整地录入案件流程节点信息，还要保证录入信息的准确性，确保系统记录的信息与案件卷宗记载的信息保持一致。否则，线上审判流程信息管理系统就形同虚设，不但不利于当事人及时准确获取案件信息，而且会使当事人对案件产生误解。评估发现，评估对象审判流程信息公开平台普遍存在案件信息录入不完整的问题。

①案件适用程序记载不一致

评估发现，有 1 家法院的案件在系统中公开的案件适用程序与卷宗记载的信息不一致，涉及 3 件案件，在系统中录入的均是普通程序，但是卷宗中案件立案登记表中记载的均是简易程序。

②书记员信息不一致

评估发现，有 29 家法院案件查询系统中录入的书记员信息与卷宗记载的信息不一致，包括 7 家高院、5 家中院及 17 家基层法院，共涉及 52 件案件。

第一，书记员姓名用代码表示，而非实际姓名。

例如，某法院被抽查的4件案件在其法院网站诉讼服务中心"我的诉讼"板块下的审判成员栏目公开的书记员姓名为数字加字母组合，联系方式为空白。

第二，书记员信息显示为当事人或者审判人员信息。某高院被抽查的3件案件的审判人员信息栏目下的书记员姓名录入的是当事人的名称，后面对应的角色录入的是审判长，关系对应混乱。某基层法院被抽查的案件中，审判人员信息栏目下的书记员姓名录入的是彭某某，其后对应的角色录入的是审判长，且书记员姓名及角色一栏重复罗列了数十条。此栏目的最后一列信息是"角色：书记员 姓名：陈某"，但是比对案件卷宗记载的信息可以发现，书记员的姓名是蒙某某，系统中录入的彭某某是审判长的姓名。

第三，漏录部分书记员成员信息。例如，某法院某民事案件中，系统录入的书记员是韦某某（82928020），但案件卷宗封面显示的是陈某、韦某某，判决书中显示的是陈某、韦某某（代）。

③合议庭组成人员信息不一致

有46家法院调取的案件存在系统中录入的合议庭组成人员信息与卷宗记载不一致的情况，包括14家高院、9家中院和23家基层法院，共涉及101件案件。有的将当事人信息与审判人员信息相混淆，如在系统中将审判组织成员信息填写为当事人信息；

有的录入的合议庭组成人员信息多于卷宗中记载的信息。

④开庭时间、地点信息不一致

有99家法院调取的案件存在系统中录入的开庭时间、地点信息与卷宗记载不一致现象，涉及28家高院、22家中院和49家基层法院，共309件案件。

第一，录入的开庭时间日期不一致，或者具体时间点不一致。例如，某案件开庭信息一栏下的开始时间录入的是"2017-1-24 09：00"，而卷宗中记载的是"2017年1月25日上午9时00分"。

第二，只录入日期，没有录入具体的起止时间点，或者只有起始时间点，没有结束时间点。

第三，录入的开庭地点不一致。例如，某案件系统中录入的开庭地点为某人民法庭，而卷宗显示的是该法院另一派出法庭。

⑤宣判时间不一致

有6家法院调取的案件在系统中录入的宣判时间与卷宗记载不一致，涉及2家高院、1家中院和1家基层法院，共6件案件。

⑥文书送达时间、方式不一致

有20家法院调取的案件在系统中录入的一审判决书送达时间、方式与卷宗记载的不一致，涉及5家高院、5家中院和10家基层法院，共35件案件。

⑦结案时间不一致

结案时间是一个案件的关键节点，与立案时间共同决定案件的审理期限。但是评估发现，结案时间这一节点信息录入与卷宗不一致的情况较多。

有46家法院调取的案件存在录入的结案日期与卷宗记载不一致的情况，涉及14家高院、19家中院、22家基层法院，共109件案件。其中，有的案件在系统中记载的结案日期与卷宗记载的相差悬殊。例如，某高院的案件在系统中记载的结案日期为2017年6月18日，而卷宗记载的是2017年9月1日。

（4）短信查询功能有待改进

①未开通短信查询功能

向当事人及时发送案件进展动态短信，通过短信向当事人推送立案、开庭、结案及文书送达的短信，有利于当事人第一时间了解案件进展情况并为出庭应诉做准备。但有4个地区的自身平台未开通短信功能，没有向当事人推送短信的查询平台。

②开通了短信查询功能，但未推送短信

部分法院虽然开通了短信查询功能，但是有的案件没有向当事人推送任何案件节点信息的短信。评估发现，有70家法院有短信查询平台，但是这些法院中有的案件没有向当事人推送过短信，涉及19家高院、15家中院和36家基层法院，共162件案件。

③只推送部分节点信息短信

有的法院开通了短信查询功能，也向当事人推送了案件动态进展的短信，但是没有完整地将立案、开庭、结案及送达信息推送出去。有56家法院没有给当事人推送立案的短信，共211件案件；有62家法院没有给当事人推送开庭的短信，共261件案件；有36家法院没有给当事人推送结案的短信，共117件案件；有62家法院没有给当事人推送送达的短信，共277件案件。其中，有的只有短信内容却未发送；有的只推送了立案或者开庭或者结案的短信，在案件动态板块均只发送了结案的短信。

④短信查询平台功能不完善

有的法院虽然开通了短信查询功能，但是无法正常查询案件的短信发送情况，平台建设有待进一步完善，这导致法院难以掌握其是否向当事人推送了信息、推送信息的质量如何等信息。具体有以下几种情形。

某法院设置了短信发送后台管理系统，但是在短信发送下的短信展示栏目输入案号进行查询，页面显示的是空白，没有任何短信内容。

某法院设置了短信查询平台，但是全省利用统一的模版发送信息，即先填入当事人名字，再发送到当事人手机上。这种一对一地向当事人推送短信的方式导致无法通过案号搜索来查询短信发送情况。

某法院分别有各自的诉讼服务平台，但是在每个平台下的信息查询—短信发送查询栏目均无法按照案号搜索查询短信发送情况。

某法院在安徽法院诉讼服务网开通了短信统计功能，但是在此栏目下只能查看短信发送数量，无法查看短信发送内容。

某高院提供了可以查看短信发送情况的某案件查询系统，但是多次输入用户名和密码均无法正常登录，截至2018年5月4日仍无法成功登录。

4. 完善建议

（1）进一步提高对审判流程信息公开的认识

评估结果表明，各级法院对审判流程信息公开工作的认识与重视程度仍有较大提升空间。从被评估法院的情况来看，在调取各法院案件查询系统网址及网址使用不畅需要咨询时，部分法院负责对接的审判管理办公室及其工作人员对工作不熟悉、不了解，声称其不清楚审判流程信息公开网站建设及运行情况，需要咨询、联系有关信息部门云云。有的信息部门可以给予明确的答复，有的却无法解答而让评估方直接联系技术公司的现象说明，有的法院内部部门之间工作分工不明确，横向协作不理想。因此，应进一步提升对司法公开的认识并加强重视，明确负责的部门及其工作人员，同时提高工作人员司法公开工作技能。

（2）打造集中统一的审判流程信息公开平台

应针对当前各地法院公开审判流程信息标准不一、水平参差不齐等问题，着力打造好集中统一的审判流程信息公开平台。本次评估发现的问题表明，虽然近年来各地法院借助互联网上线了各自的审判流程信息公开平台，为当事人、诉讼代理人等提供了查询渠道或者为其主动推送信息，但由于公开标准不统一，平台运行状况差异较大，制约了审判流程信息公开效果。因此，建设集中统一平台，设定审判流程信息公开的统一标准，规范各级法院的审判流程公开工作十分必要。

最高人民法院开通了中国审判流程信息公开网，作为统一的公开平台，在方便公众和当事人查询法院相关信息及审判流程信息，避免平台分散造成的信息发布渠道多元查询不便、信息发布标准不统一影响公开质量等弊端，实现法院审判流程信息公开的集约化和标准化方面发挥了巨大作用。尤其是，最高人民法院专门出台司法解释，明确了公开范围、公开标准。长期以来当事人托关系打听案件进展的现象得以改善，有效地提升了案件审理过程的透明度，对于提升司法公信力意义重大。

未来，统一平台建设应注意覆盖审判流程公开的各项信息，配备网站基本功能并统一标准，加强网站使用的友好性，做好信息栏目分类，规范栏目的层级设置及信息发布位置，确保当事人查询信息的便捷性和及时性。此外，还应将在中国审判流程信息公开网发布和推送本院审判流程信息作为对各级法院案件管理和司法公开的基本要求和规定动作，在通过统一平台发布信息的基础上考虑本院的个性化公开。

（3）规范在线办案和信息录入，对接统一平台

司法信息的录入是司法公开的前提，没有信息的准确及时录入就没有信息的准确有效公开。可以说，信息录入得准确、快速、及时与否，关系到司法公开的质量与效果。建议在全面推行网上办案进程中，利用好电子卷宗随案生成和大数据应用，实现数据随案同步生成、同步录入或者回填系统，避免线上数据线下誊写的不准确和数据公开的滞后问题。通过适当的业绩考核，督促和引导案件查办人员或者辅助人员提高信息录入的准确性。此外，还应提高系统信息录入与管理的智能化水平，确保更多的信息可以实现系统间的自动提取、实时共享，实现信息项的自动录入，从而减少人工录入信息的工作量，降低信息录入的差错率。

（4）加强对审判流程信息公开的监督与指导

最高人民法院《关于人民法院通过互联网公开审

判流程信息的规定》出台并自 2018 年 9 月 1 日起施行，该文件是最高人民法院第一次以司法解释形式明确了应予公开的审判流程信息的范围和类型。该规定的出台，对于各级法院公开审判流程信息提出了更明确、更严格的要求，各级法院应在最高人民法院监督指导及上述规定的指引下规范各自的司法公开工作，明确公开主管部门及负责人，细化公开内容，完善公开形式并及时更新公开信息，力争做到公开让当事人满意，切实保障当事人对审判活动的知情权。

（5）拓宽公开渠道，实现公开方式多元化

身处信息化时代，在做好以网站为平台对当事人进行公开信息的基础上，各级法院应开辟和利用成熟的新媒体平台——微信、电话语音系统、电子邮箱、客户端等——辅助公开，拓展司法服务能力，拓宽当事人获得审判流程信息的渠道。

三　裁判文书公开

裁判文书是法院司法活动的最终产品，是法院行使审判权、认定案件事实、裁断各类纠纷、阐释法律适用的最终结晶和集中表现形式，是认定当事人法律关系、确定当事人权利义务的重要文书。公开裁判文书有助于公众了解和评判法院裁判规则与法律适用尺度，既是生动鲜活的普法形式，有助于引导公众遵守法律、尊崇法治，也是倒逼司法权规范运行的重要方式。中国裁判文书网上线开通后，全国各级法院按照最高人民法院统一要求，将裁判文书发布在全国统一的网站平台，改变了过去裁判文书分散发布、公开尺度不一、法院裁量权过大、文书查询不方便等的状况。

（一）评估内容和评估方法

1. 评估内容

为了有序推进裁判文书公开工作，最高人民法院确立了裁判文书以公开为常态、以不公开为例外的原则，力推裁判文书最大限度地集中上网公开。每个法院一定时期上网公开的裁判文书的数量，并不能反映其是否做到了应公开尽公开；因此，需要从公开和不公开两个维度进行考察。换言之，评价裁判文书的公开情况，既要考察每个法院一定时期的裁判文书公开率，以分析其是否最大限度地公开了裁判文书，又要考察每个法院是否严格按照规定界定不公开文书的范围，以评价是否落实了以不公开为例外的原则。同时，还要从裁判文书从签发到上网公开的时效性、不上网裁判文书信息项（即案号、审理法院、裁判日期、不公开理由）的公开情况、依照规定从中国裁判文书网撤回裁判文书的情况、裁判文书公开的保障机制建设情况等角度进行综合考察。

因此，对裁判文书的评估内容具体包括：裁判文书公开率、裁判文书不上网审批、裁判文书上网及时性、不上网裁判文书信息项的公开情况、裁判文书撤回情况、裁判文书公开的保障机制。

为评估裁判文书公开率，课题组核算了裁判文书上网公开的案件数量在同期结案案件数量中的占比，以作为法院同期裁判文书上网比率。

裁判文书不上网审批主要评估法院是否对未公开的裁判文书履行了审批手续，审批手续是否规范，是否附有不公开的理由以及不公开理由是否充分、合理。

裁判文书上网的及时性是通过计算法院裁判文书落款时间（一般为作出时间）与裁判文书上网公开时间之间的时间差，分析各评估对象将裁判文书上传至互联网的效率。

不上网裁判文书信息项的公开情况是评估各对象是否向社会公开了不上网文书的案号、审理法院、裁判日期、不上网理由等信息。

裁判文书撤回情况则分析法院撤回在中国裁判文书网公开的裁判文书的情况，具体选取的指标包括：撤回列表中的撤回理由、审批理由（审批手续）、撤回是否经过审批、审批理由与裁判文书比对、后续是否上网。

裁判文书公开保障机制是评估被评估法院是否制定有裁判文书公开工作相关的规章制度、是否有裁判文书公开工作的通报、是否有对部门和个人的裁判文书公开工作详细的考核办法以及考核的最新通报、裁判文书公开是否做到一键上网以及是否使用隐名处理软件。

2. 评估数据获取与使用

课题组通过最高人民法院审判管理办公室及负责中国裁判文书网运维的北京法意科技有限公司调取了

以下数据材料：（1）2017年1月1日—6月30日期间被评估法院已审结案件信息（审理法院、案件号、案件类型）；（2）2017年1月1日—2018年10月24日期间，上述已结案件中，在中国裁判文书网公开的裁判文书列表；（3）2017年1月1日—2018年10月24日期间，上述已结案件中，在中国裁判文书网公开的裁判文书的文书落款时间和文书上传至裁判文书网时间；（4）2017年1月1日—2018年10月24日期间，上述已结案件中，在中国裁判文书网公开不上网裁判文书信息项的情况；（5）2017年1月1日—6月30日期间审结案件中，经过审批不在中国裁判文书网公开的裁判文书列表、相应裁判文书以及不在中国裁判文书网公开的审批手续电子版；（6）2017年1月1日—6月30日期间审结案件中，在中国裁判文书网公开后又撤回的裁判文书列表以及审批手续电子版、所涉及的裁判文书电子版。

一般而言，一个案件可能会产生多份裁判文书，这必然导致绝大多数案件符合上网要求的裁判文书数量各不相同。对此，课题组根据最高人民法院审管办提供的案件号，提取上述每一个案件自2017年1月1日到2018年10月24日期间在中国裁判文书网发布裁判文书的情况，并对提取的文书数量做去重处理，即某一案件有一个以上文书发布的，仅视作其发布了一个文书，换言之只统计了有文书上网公开的案件数量，以其作为分子，并以2017年1月1日—6月30日期间审结案件数量作为分母，核算上网率。除核算总体上网率外，课题组还依照上述方法分别对民事、刑事、行政、执行、赔偿类案件的上网率进行了核算。

对裁判文书不上网审批的评估主要依靠各评估对象提供不上网裁判文书对应的审批手续。部分法院未提供审批手续原件的扫描件或者所提供的审批手续中没有不上网理由，对此，均按照未提供审批手续处理对待。

裁判文书上网及时性是按照自然日的标准，核算2017年1月1日—6月30日结案案件的裁判文书截至2018年10月24日"上传至中国裁判文书网时间"与"文书落款时间"之间的时间差。虽然各类案件的实际情况千差万别，会影响裁判文书实际生效时间与签发时间之间的时间差，但其对每个法院某一时间段总体裁判文书上网时间差的影响不大，且应鼓励法院尽可能地缩短该时间差；因此，在此不考虑其个案因素，而只对上网时间和作出时间之间的时间差进行简单对比。

为评估不上网裁判文书信息项的公开情况，课题组统计了被评估法院在2017年1月1日—6月30日结案案件截至 2018 年 10 月 24 日未上网公开的裁判文书的数量，并在中国裁判文书网后台提取了上述文书公开不上网文书信息项的数据，以提取的各法院公开不上网文书信息项的数量与该院同期不上网文书数量的比率作为不上网信息项的公开率。此外，课题组还重点抽查了 32 家高院和 32 家中院的法院门户网站，或者司法信息公开网站是否公开了不上网裁判文书信息项，并随机抽取 5 个案件，核查是否在中国裁判文书网公布上述信息。

裁判文书撤回情况的评估是依据各评估对象为课题组提供的在中国裁判文书网公开又撤回的裁判文书列表、上网裁判文书撤回审批表，比对撤回审批表中的撤回理由与裁判文书电子版中记载的信息是否一致，进而考察裁判文书撤回的准确性和规范性。

（二）裁判文书上网率

裁判文书上网率是评价一家法院在多大程度上公开了本院作出的裁判文书，其目的是通过核算出的上网率的高低来引导法院在不违反法律、司法解释关于不公开裁判文书的要求的前提下，尽可能多地压缩不公开裁判文书的范围。裁判文书的上网率本应为法院已经公开的裁判文书在其同期作出的全部文书中的占比，但由于实践中难以掌握一个案件总计作出了多少份裁判文书；因此，本次评估以结案案件为基数，按照每个已办结案件最低应当制作一份裁判文书为标准，核算总体案件的上网率。本次评估共提取到160家法院2017年1月1日—6月30日的结案案件924859件，其中，民事案件584110件（占63.16%）、刑事案件93664件（占10.13%）、行政案件45862件（占4.96%）、执行案件198073件（占21.42%）、国家赔偿与司法救助案件3150件（占0.34%）。有11家法院不管辖行政案件，未对其行政案件上网率进行统计。

1. 裁判文书上网率差异较大

上述已结案案件中，截至2018年10月24日，489710件案件中至少有1件裁判文书上网，占52.95%；435149件案件中无1件文书上网，占47.05%。489710件有裁判文书上网的案件中，民事案件323033件，占65.96%；刑事案件70894件，占14.48%；行政案件34397件，占7.02%；执行案件59237件，占12.1%；国家赔偿与司法救助案件2149件，占0.44%。435149件无文书上网的案件中，民事案件261077件，占60%；刑事案件22770件，占5.23%；行政案件11465件，占2.63%；执行案件138836件，占31.91%；国家赔偿与司法救助案件

1001件，占0.23%。

此次所选取的评估对象在特定期限内的裁判文书总体上网率差异较大。上网率最高的为新疆维吾尔自治区高级人民法院生产建设兵团分院（以下简称新疆高院兵团分院），比率为91.67%；上网率最低的为某基层法院，比率为3.61%。其中，上网率在90%以上的有2家法院，占1.25%；80%（不含本数）—90%（含本数）的有17家法院，占10.63%；70%（不含本数）—80%（含本数）的有27家法院，占16.88%；60%（不含本数）—70%（含本数）的有26家法院，占16.25%；50%（不含本数）—60%（含本数）的有29家法院，占18.13%；40%（不含本数）—50%（含本数）的有25家法院，占15.63%；30%（不含本数）—40%（含本数）的有17家法院，占10.63%；20%（不含本数）—30%（含本数）的有12家法院，占7.50%；0—20%（含本数）的有5家法院，占3.13%（见图1）。

上网率在80%以上的法院中仅有1家为基层法院，其余均为高级法院和中级法院，具体包括：新疆高院兵团分院（91.67%）、南昌中院（90.35%）、吉林高院（89.72%）、四川高院（89.15%）、长春中院（87.40%）、江西高院（86.17%）、甘肃高院（85.61%）、河南高院（85.27%）、延吉法院（吉

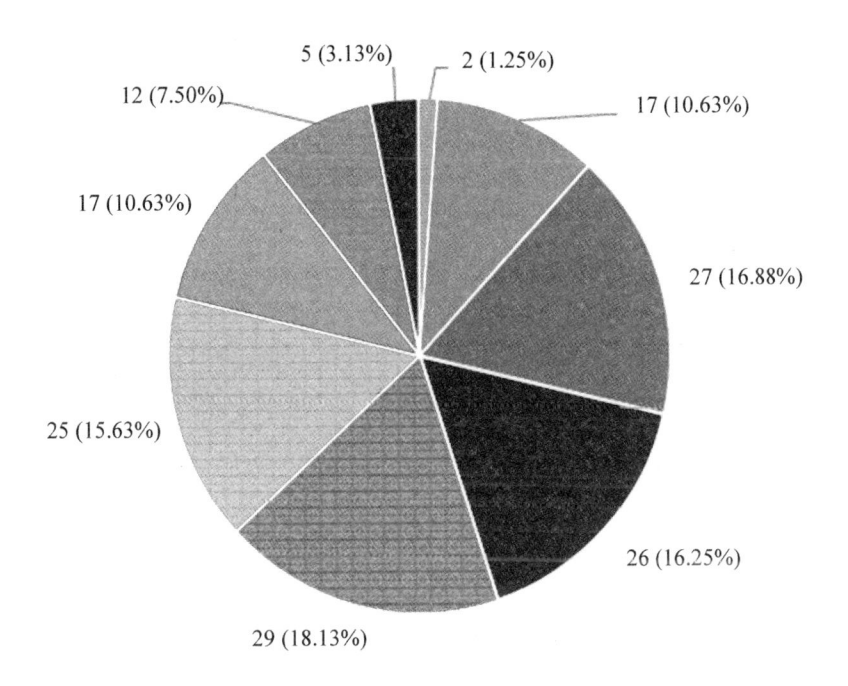

```
        5 (3.13%)   2 (1.25%)
12 (7.50%)            17 (10.63%)

17 (10.63%)

                      27 (16.88%)

25 (15.63%)

                      26 (16.25%)
        29 (18.13%)
```

■ 90%以上　　　　　　　　■ 80%（不含本数）—90%（含本数）
■ 70%（不含本数）—80%（含本数）　■ 60%（不含本数）—70%（含本数）
■ 50%（不含本数）—60%（含本数）　■ 40%（不含本数）—50%（含本数）
■ 30%（不含本数）—40%（含本数）　■ 20%（不含本数）—30%（含本数）
■ 0—20%（含本数）

图1　裁判文书上网率分布

林，84.15%）、青海高院（84.02%）、江苏高院（83.76%）、郑州中院（82.97%）、浙江高院（82.68%）、石家庄中院（81.58%）、长沙中院（81.14%）、上海第一中院（80.37%）、重庆高院（80.30%）、南京中院（80.27%）、沈阳中院（80.19%）。

高院中，上网率最高的为新疆高院兵团分院，为

91.67%；上网率最低的高院为32.35%。其中，上网率在前十位的依次是新疆高院兵团分院（91.67%）、吉林高院（89.72%）、四川高院（89.15%）、江西高院（86.17%）、甘肃高院（85.61%）、河南高院（85.27%）、青海高院（84.02%）、江苏高院（83.76%）、浙江高院（82.68%）、重庆高院（80.30%）。

中院中，上网率最高的为南昌中院，为90.35%；上网率最低的中院为22.41%。其中，上网率在前十位的依次是南昌中院（90.35%）、长春中院（87.40%）、郑州中院（82.97%）、石家庄中院（81.58%）、长沙中院（81.14%）、上海第一中院（80.37%）、南京中院（80.27%）、沈阳中院（80.19%）、西安中院（79.71%）、济南中院（79.66%）。

基层法院中，上网率最高的为吉林省的延吉法院，为84.15%；上网率最低的为3.61%。其中，上网率在前十位的依次是延吉法院（吉林，84.15%）、辉南法院（吉林，78.24%）、铁西法院（吉林，77.37%）、吉首法院（湖南，76.76%）、奎文法院（山东，75.53%）、阿克苏垦区法院（兵团，67.37%）、义乌法院（浙江，67.06%）、余江法院（江西，66.79%）、万全法院（河北，65.49%）、古交法院（山西，65.37%）。

基层法院上网率普遍略低于高院和中院，其中不排除以下几个因素：第一，基层法院审结案件中调解结案或者调解撤诉的案件占比高，而调解书一般属于法定不上网文书范围；第二，根据现行司法解释，一审裁判文书都应上网，但遇有上诉的，需要等二审裁判文书生效后一审裁判文书才会上网。

2. 不同类型案件上网率差异较大

统计发现，不同类型案件的裁判文书上网率差异较大。民事案件上网率均未达到100%，有8家法院达到90%以上，分别为新疆高院兵团分院（96.25%）、上海高院（91.77%）、江西高院（91.31%）、吉林高院（91.27%）、四川高院（90.91%）、重庆高院（90.25%）、云南高院（90.15%）、长春中院（90.09%）。民事案件上网率低的原因不排除民事案件中调解结案案件多且其调解书属于法定不上网文书，以致案件上网率被拉低。

刑事案件中，有2家法院上网率达到100%，为贡觉法院（西藏）、泽库法院（青海）。

行政案件中，有17家法院上网率达到100%，为铁西法院（吉林）、辉南法院（吉林）、海州法院（辽宁）、牙克石法院（内蒙古）、曲阳法院（河北）、万全法院（河北）、霍州法院（山西）、沅陵法院

（湖南）、鲁甸法院（云南）、赫章法院（贵州）、西藏高院、甘州法院（甘肃）、漳县法院（甘肃）、青海高院、城东法院（青海）、轮台法院（新疆）、乌鲁木齐垦区法院（兵团）。

执行案件中，有 2 家法院上网率达到 100%，为吉林省的铁西法院和辉南法院。

国家赔偿与司法救助案件中，有 12 家法院上网率达到 100%，为宝山法院（上海）、松江法院（上海）、延吉法院（吉林）、太原中院（山西）、霍州法院（山西）、颍泉法院（安徽）、含山法院（安徽）、广东高院、临高法院（海南）、云南高院、独山法院（贵州）、兵团第一师中院。

（三）不上网审批

除最高人民法院《关于人民法院在互联网公布裁判文书的规定》明确列举的国家秘密等不在互联网公开的裁判文书外，人民法院认为不宜在互联网公布的，应当进行不上网审批。因此，课题组调取了被评估法院法定不上网裁判文书之外的文书不上网审批手续。

1. 不上网审批数据的基本情况

课题组调取数据显示，有 43 家法院因以下情形未能提供不上网审批材料或者提供的材料不符合要求，本次未进行评估：（1）24家法院表示无不上网审批情况；（2）10家法院未提供不上网审批材料；（3）1家法院因数据不准，最终未提供不上网审批材料；（4）5家法院表示在办案系统内进行审批无法提供审批手续；（5）1家法院表示法官在办案系统内自己选择是否上网无须经过审批；（6）2家未提供审批手续原件的扫描件并且提供的审批手续简单笼统无法辨别。课题组对其余提供不上网审批手续的117家法院同期不上网审批情况进行了分析，共涉及32938件案件的不上网裁判文书，其中有18578件文书属于法定不上网的文书，占56.40%；有8952件文书符合"人民法院认为不宜在互联网公布的其他情形"，占27.18%；有2228件文书未调取到不上网审批材料，

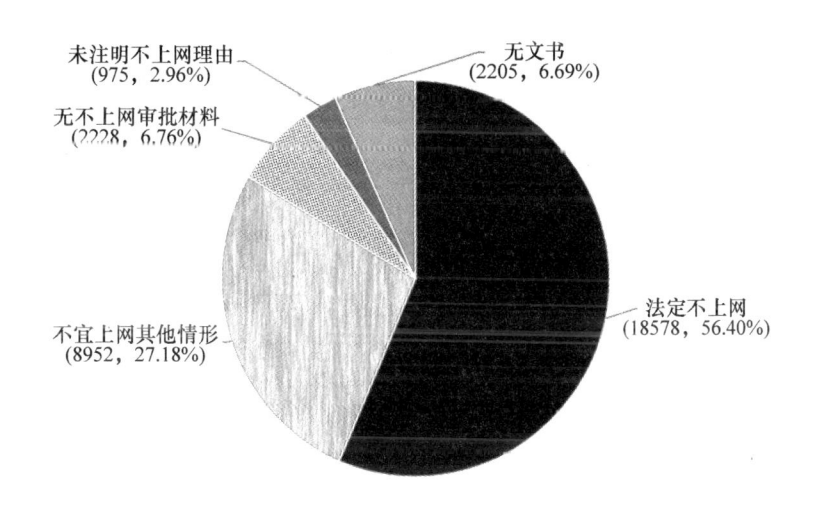

图2 不上网裁判文书的类别分布

占 6.76%；有 975 件文书未注明不上网审批理由，占 2.96%；有 2205 件案件无文书，占 6.69%（见图 2）。

（1）不上网的裁判文书调解书居多

本次分析的不上网裁判文书类型主要涉及调解书，在 32938 份不上网裁判文书中，有 13062 份调解书，占 39.66%；5236 份裁定书，占 15.90%；3946 份判决书，占 11.98%；243 份决定书，占 0.74%；另有 1031 件法院内部文件（通知、答复、批复、说明、函等），占 3.13%；352 件其他文书，占 1.07%；有 6 份朝鲜语文书、207 份维吾尔语文书，因语言问题，无法识别裁判文书类型，占 0.65%；法院未提供裁判文书的有 6650 份，占 20.19%；案件本身无文书的有 2205 份，占 6.69%（见图 3）。

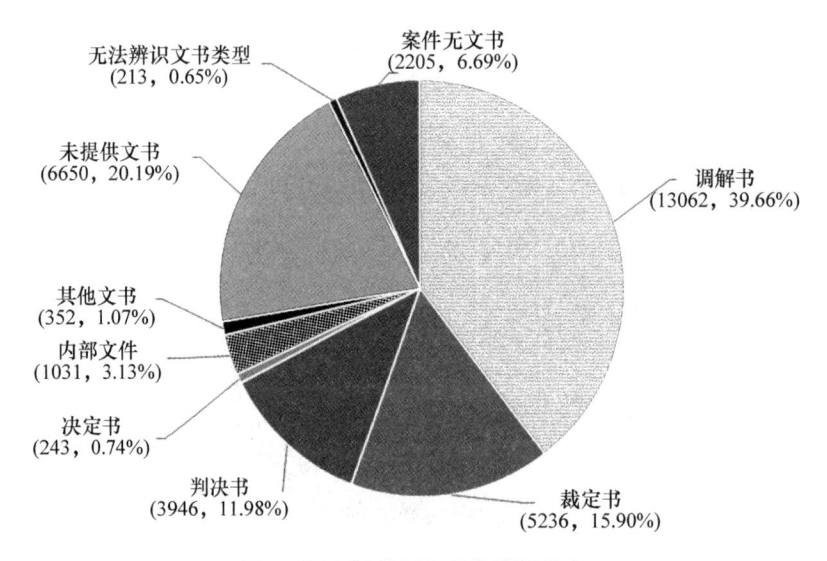

图 3　不上网裁判文书的类型分布

（2）法定不上网的裁判文书占多数

根据最高人民法院《关于人民法院在互联网公布裁判文书的规定》第12条的规定，办案法官认为裁判文书不涉及国家秘密、未成年人犯罪、以调解方式结案或者确认人民调解协议效力、离婚诉讼或者涉及未成年子女抚养及监护情形，但不适宜公开的，才需要进行审批，即提出书面意见及理由，由部门负责人审查后报主管副院长审定。而对于具备法定不上网情形的裁判文书，则无须经过审批。但统计发现，评估对象提供的不上网审批所对应的裁判文书中有大量属于法定不上网的，也就是本来属于无须审批的。在提供了不上网审批手续的117家法院中，有61家法院对法定不上网的情形进行了审批，共涉及18578件裁判文书，在本次评估涉及的裁判文书中占56.41%。其中，涉及国家秘密的有142件，占0.76%；涉及未成年人犯罪的有514件，占2.77%；涉及调解结案或者确认人民调解协议效力的有13342件，占71.82%；涉及离婚诉讼或者涉及未成年子女抚养、监护的有4580件，占24.65%（见图4）。其中，涉及调解结案或者确认人民调解协议效力的裁判文书数量多于前述不上网裁判文书类型中的调解书数量。

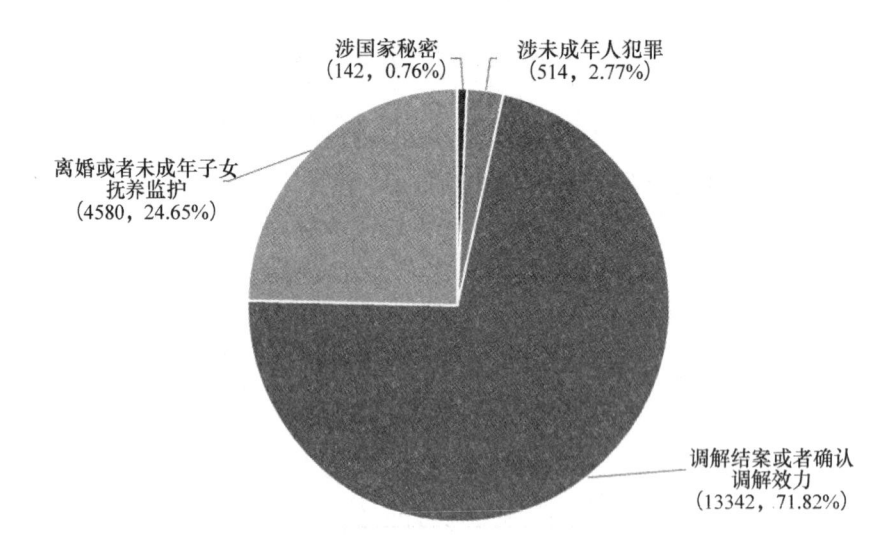

涉国家秘密 (142, 0.76%)
涉未成年人犯罪 (514, 2.77%)
离婚或者未成年子女抚养监护 (4580, 24.65%)
调解结案或者确认调解效力 (13342, 71.82%)

图4 属于法定不上网情形的裁判文书的事由分布

2. 不上网审批部分发现的亮点

(1) 普遍建立审批机制、审批流程较规范

《规定》第12条要求，裁判文书不涉及国家秘密等不得公开情形，但不适宜公开的，需要由承办法官提出，由部门负责人报主管院长审定，此为裁判文书的不上网审批机制。从评估对象提供的审批材料来看，绝大部分法院建立了不上网审批机制，使用纸质审批或者依靠信息化手段在办案系统内按照流程进行审批。

(2) 有法院所附的不上网理由较为详细

评估发现，一些法院所列的文书不上网理由比较详细。有的法院在不上网审批手续中所列的理由中简要介绍了案情并说明了不上网公开的具体理由，这有利于审批人对裁判文书是否具备不上网理由作出客观全面的判断。例如，岳麓法院（湖南）的 2015 岳民初字第 08215 号裁判文书的审批理由中介绍了案情，沅陵法院（湖南）把案情简介作为一个栏目放在审批手续表单中。

3. 不上网审批中存在的问题

（1）部分裁判文书不上网审批手续不规范

①审批手续信息项不全

进行不上网审批手续的表格应当具备案件号、案件概况、不上网理由等基本信息项。而评估发现，有些法院提供的部分或者全部审批手续无审批理由信息项。

②审批手续填写不规范

有的法院未按照不上网审批手续的要求填写。例如，有的高院审批手续里面列有多个案号，而表格下方明确要求一案一表，并且审批表内所列的案号与所对应具体案由列举的案号不一致；有的中院部分审批手续中的审批理由未进行勾选，只是在其他情形信息项后添加括号列出了具体的理由；有的中院在民事案件不上网审批手续的案号一栏仅填写了几个数字。

③审批流程不完整

有些审批手续审批意见空缺甚至所有的审批栏目为空白。有的中院的审批表中"主管院领导审批意见""办案部门负责人审核意见""审判长意见"基本全是空白,仅有"承办人意见"。某基层法院审批表中没有审批意见签字,需要相关审批签字的地方全部空白,甚至几乎所有审批表中"承办人意见"也是空白的,审批环节疑似流于形式。

(2) 部分裁判文书不上网审批内容不规范

①审批手续填写有误

评估发现,部分不上网审批手续内容填写有误。如某基层法院提供的部分案件号为民事案件的不上网审批手续中显示均为刑事案件类型和刑事案件案由。

②审批理由填写粗略笼统

《规定》第4条第5项所规定的"人民法院认为不宜在互联网公布的其他情形"是裁判文书不上网的兜底条款,各法院如果认为案件不宜上网则应写明具体不上网的理由,履行审批手续。如前所述,不少裁判文书的不上网审批手续中将不上网理由标记为"人民法院认为不宜在互联网公布的其他情形""其他"等,而未填写不上网的详细理由。

③不上网理由不恰当

裁判文书是法院审理案件的结果,除确有法定或合理理由不宜对社会公开的外都应向社会公开,这既是为了监督和规范法院裁判过程和结果,更是为了维护司法公正、提升司法公信力。为规范裁判文书上网公开工作，《规定》在反复修改基础上相对明确了法定不上网事项，并考虑到实践中可能存在的各类特殊情况，允许法院酌情判定法定事由之外不宜上网的裁判文书范围。

部分不上网审批理由值得商榷，具体有如下几种情形。

第一，对法定不上网理解适用错误。例如，有的不上网理由为"民事案件，案由为借款合同，法定不公开"；有的不上网理由为"民事案件，案由为买卖合同纠纷，法定不公开"；有的裁判文书是调解笔录或者调解书，不上网理由为"人民法院认为不宜在互联网公开的其他情形，其他情形说明：文书不上网"；有的不上网理由为"人民法院认为不宜在互联网公开的其他情形，其他情形说明：离婚案件不上网"。

第二，以案件自身原因为由不公开。例如，有的不上网理由为"经催告，原告未缴纳公告费，案件未生效不上网"。

第三，不公开的理由与案件本身无关。例如，有的不公开理由是"判决"。

第四，以当事人申请为由不公开。虽然《规定》允许法院对是否上网公开裁判文书进行裁量，但毫无疑问，对"其他"不宜上网情形的认定权限在于法院。但评估发现，有部分裁判文书的不上网理由为当事人申请，也就是说，此类案件的裁判文书未在互联网公开，主要归因于当事人申请，只要当事人提出不上网申请，法院就不会对当事人申请的合理性进行衡量而直接作出了不上网发布的决定或者并未在不上网审批手续中明示其判断结论。据统计，本次评估样本中此类裁判文书共有 264 件。

④审批手续内容矛盾

部分不公开理由与文书类型不对应。例如，某中院部分案件的裁判文书是判决书，但不上网审批理由是"调解"；某基层法院的某裁判文书为民事调解书，不上网审批理由是"其他情形，补正裁定"。又如，某基层法院大量审批手续中显示案件由其少年法庭审理，案号中带"民"字，案由应是离婚纠纷、借款合同等民事纠纷，但不上网审批手续提示不上网理由是未成年人刑事案件，不公开开庭审理不予上网。某基层法院的某案件案由是民间借贷纠纷，法院提供的审批列表中填写的该案裁判文书不上网理由是调解结案，属于法定不上网的情形，但经查看该案不上网审批手续，显示不上网理由为涉及个人隐私。

(3) 部分裁判文书不上网审批管理待完善

评估发现，个别法院不上网审批的管理不够规范严谨，影响不上网审批的管理质量。例如，有的案件同一案号有两个审批手续且显示的案由不同，其中一个案由为侵害集体组织成员权益纠纷，另一个案由为劳务合同纠纷；有的法院的审批表中的审批理由是根据旧的法律规定设计的。有的法院不上网审批表中不公开的事由包括两种：一是公布后可能对正常社会秩序和善良风俗产生重大不利影响，二是公布后可能给当事人或其他诉讼参与人生活、工作造成严重困扰。但实践中，不上网的理由远不止这两种情况。

（四）上网及时性

迟到的正义不是正义，同样，迟到的公开会令法院裁判效果大打折扣，甚至会影响司法公开所追求的维护司法公正、提升司法公信力等目标。因此，有必要尽可能压缩裁判文书作出后的上网公开时间，确保有关的裁判文书尽可能早地上传至互联网。

1. 上网及时性基本数据

本次提取到 160 家被评估法院的已上网文书有 523939 件。评估发现，平均上网时间最快的为洛南法院（陕西），平均时长为 34.55 天，最长的法院的平均时长为 296.39 天。平均上网时间少于 50 天的 [0—50) 有 8 家法院，占 5%；大于等于 50 天不到

100天的〔50—100）有43家法院，占26.88%；大于等于100天不到150天的〔100—150）有53家法院，占33.13%；大于等于150天不到200天的〔150—200）有36家法院，占22.5%；大于等于200天的〔200，+∞）有20家法院，占12.5%（见图5）。

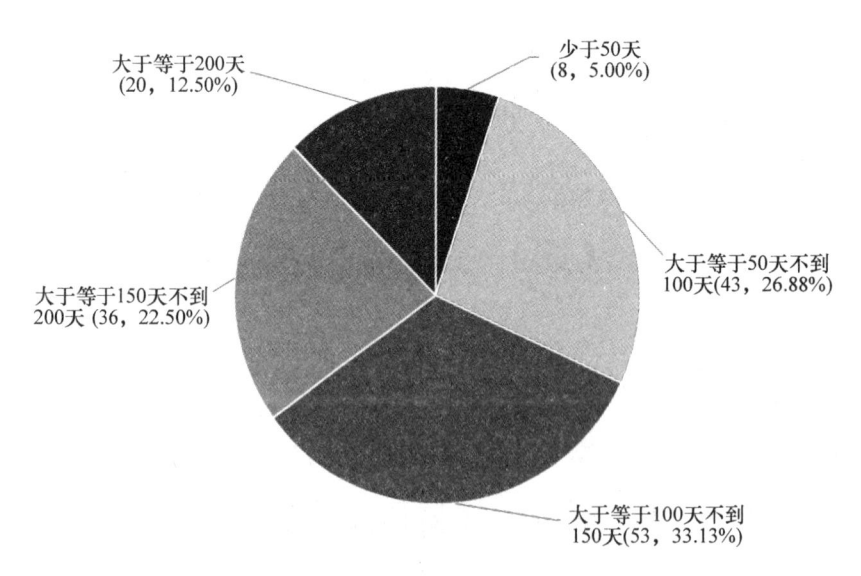

图5 裁判文书上网平均用时分布

2. 文书平均上网时间差异大

平均上网时间由短到长居前15位的法院依次为：洛南法院（陕西，34.55天）、兵团第一师中院（38.64天）、尖扎法院（青海，42.41天）、长春中院（43.48天）、武功法院（陕西，43.81天）、兰州中院（45.69天）、新疆高院兵团分院（46.88天）、乌鲁木齐中院（49.64 天）、南京中院（51.36 天）、广州中院（52.99 天）、铁西法院（吉林，53 天）、南昌中院（54.16 天）、赫章法院（贵州，55.84 天）、辉南法院（吉林，57.22 天）、西藏高院（58.69 天）。

高级法院中，平均用时较短的前十家法院依次为新疆高院兵团分院（46.88 天）、西藏高院（58.69 天）、北京高院（69.92 天）、吉林高院（72.26 天）、山东高院（88 天）、天津高院（94.84 天）、黑龙江高院（96.11 天）、甘肃高院（99.65 天）、新疆高院（122.17 天）、重庆高院（123.31 天）。

中级法院中，平均用时较短的前十家法院依次为兵团第一师中院（38.64 天）、长春中院（43.48 天）、兰州中院（45.69 天）、乌鲁木齐中院（49.64 天）、南京中院（51.36 天）、广州中院（52.99 天）、南昌中院（54.16 天）、西宁中院（62.22 天）、天津一中院（64.02 天）、郑州中院（67.52 天）。

基层法院中，平均用时较短的前十家法院依次为洛南法院（陕西，34.55 天）、尖扎法院（青海，42.41 天）、武功法院（陕西，43.81 天）、铁西法院（吉林，53 天）、赫章法院（贵州，55.84 天）、辉南法院（吉林，57.22 天）、井研法院（四川，59.67 天）、江汉法院（湖北，63.22 天）、南川法院（重庆，66.05 天）、五家渠垦区法院（兵团，68.1 天）。

3. 绝大多数文书上网时间较长

在所提取到的523939件文书中，有331件文书上传至中国裁判文书网的时间与文书落款时间之间的间隔为0天，即作出当日即上传至中国裁判文书网，占0.063%，涉及41家法院；间隔为1天的，有2021件文书，占0.39%，涉及67家法院；间隔在30天以内的裁判文书有104604件，占19.96%；31天至60天的有85402件，占16.30%；61天到90天的有62577件，占11.94%；91天至120天的有47884件，占9.14%；121天至150天的有40892件，占7.80%；151天至180天的有40039件，占7.64%；181天以上的有142541件，占27.21%（见图6）。

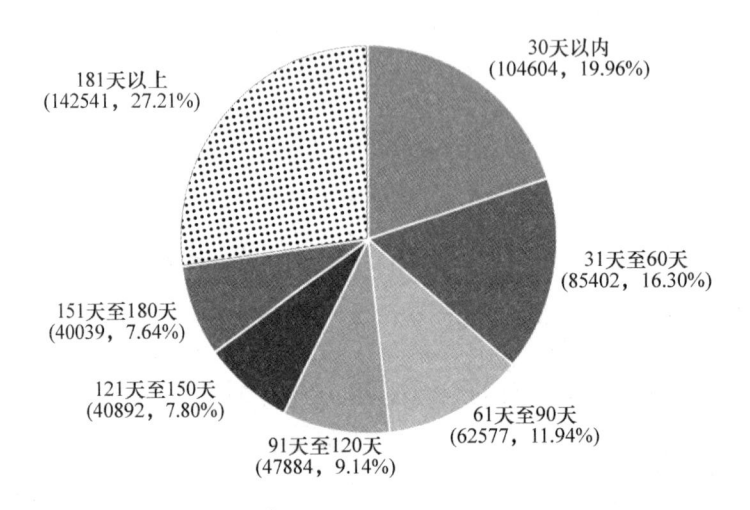

图6 裁判文书上网时间分布

（五）不上网裁判文书信息项公开情况

根据最高人民法院《关于人民法院在互联网公布裁判文书的规定》第 6 条，不在互联网公布的裁判文书，在不泄露国家秘密前提下，应当公布案号、审理法院、裁判日期及不公开理由，这就是所谓的公开不上网裁判文书信息项。其目的是要贯彻裁判文书以公开为常态、以不公开为例外的原则，在正向公开裁判文书的同时，要求各级法院反向公开不上网裁判文书的主要信息项，压缩法院的裁量空间，反向促进裁判文书公开，以提升裁判文书上网发布的透明度。

1. 不上网裁判文书数据概况

通过中国裁判文书网后台提取到的 2017 年 1 月 1 日—6 月 30 日结案的案件中，至少有 438170 件不上网文书。其中，民事案件 263395 件，占 60.11%；刑事案件 22837 件，占 5.21%；行政案件 11485 件，占 2.62%；执行案件 139449 件，占 31.83%；国家赔偿与司法救助案件 1004 件，占 0.23%。上述文书中，有 110483 件文书公开了不上网文书信息项，占 25.21%，326787 件文书未公开上述信息项，占 74.79%。

2. 发现的亮点

（1）部分法院公开了不上网裁判文书信息项

有129家法院通过中国裁判文书网公开了不上网裁判文书信息项，占84.63%。

其中，公开率即通过中国裁判文书网公开不上网裁判文书信息项的数量在其所有不公开裁判文书数量中的占比在90%（不含本数）以上的有5家，占3.13%；80%（不含本数）至90%的有9家，占5.63%；70%（不含本数）至80%的有12家，占7.5%；60%（不含本数）至70%的有8家，占5%；50%（不含本数）至60%的有9家，占5.63%；40%（不含本数）至50%的有15家，占9.38%；30%（不含本数）至40%的有19家，占11.88%；20%（不含本数）至30%的有16家，占10%；10%（不含本数）至20%的有16家，占10%；0（不含本数）至10%的有23家，占14.38%；公开率为0的有28家，占17.5%（见图7）。

公开率超过80%的14家法院分别为：辉南法院（吉林），占96.62%；铁西法院（吉林），占96.47%；曲阳法院（河北），占96.13%；城东法院（青海），占93.61%；阿克苏垦区法院（兵团），占92.41%；京山法院（湖北），占89.71%；贡觉法院（西藏），占88.89%；井研法院（四川），占

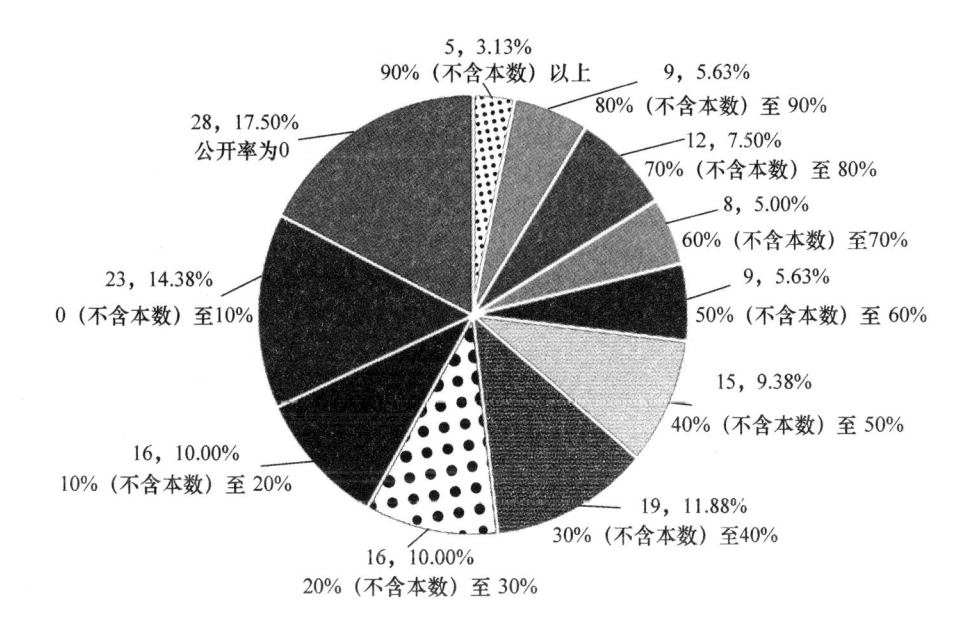

中国司法公开第三方评估报告(2018)　63

图7　不上网裁判文书信息项的公开分布

88.20%；尖扎法院（青海），占87.61%；鲁甸法院（云南），占85.76%；容县法院（广西），占83.6%；万全法院（河北），占83.44%；旺苍法院（四川），占81.41%；东山法院（黑龙江），占80.86%。

抽查的32家高院和32家中院中，有18家法院在各自的公开平台公布了不上网裁判文书信息，其中有7家高院、11家中院（见图8），具体为：甘肃高院、广州中院、海口中院、武汉中院、吉林高院、长春中院、南京中院、内蒙古高院、呼和浩特中院、青海高院、西宁中院、太原中院、天津高院、天津一中院、拉萨中院、新疆高院、浙江高院、杭州中院。

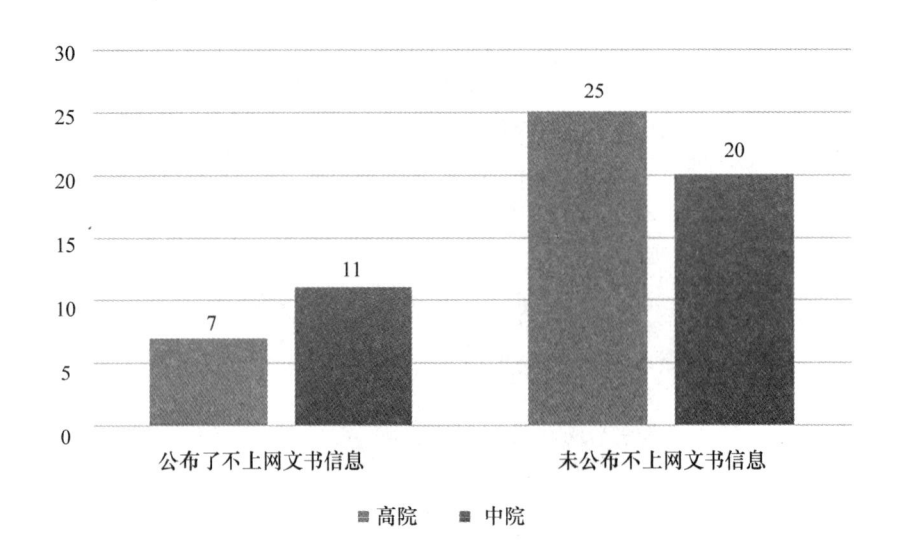

图 8　高院和中院公开不上网文书信息项情况

（2）部分法院设置了不上网裁判文书信息专门栏目

32家高院和32家中院中，有11家高院和15家中院，共26家法院设置了不上网文书栏目。

①有14家法院公开的不上网裁判文书信息项包含审理法院、案号、裁判日期、不上网理由、数量等信息，分别是：甘肃高院、广州中院、海口中院、南京中院、内蒙古高院、呼和浩特中院、青海高院、西宁中院、太原中院、天津一中院、拉萨中院、新疆高院、浙江高院、杭州中院。其中，广州中院和南京中院公开了不上网文书的案由。

②有1家法院公开的不上网裁判文书信息项包含审理法院、案号、裁判日期、数量等信息，但不包含

不上网理由，为天津高院。

③有 2 家法院公开的不上网裁判文书信息项包含不上网理由、数量，但不包含审理法院、案号、裁判日期，分别是吉林高院、长春中院。

④有 1 家法院无不上网裁判文书信息项统计列表，但是公布上网的文书列表里夹杂着未上网文书的信息，为武汉中院，其未上网文书的信息包含案由、案号。

⑤有 1 家法院网站有不上网文书栏目，但没有公布本院不上网文书信息，为上海高院。

⑥有 7 家法院门户网站或司法信息公开网站设置了不上网文书栏目，但显示"本网站公开了 0 条文书"。

部分法院在公开不上网文书信息时注意栏目设置的有效性。例如，南京中院设置了"不上网文书"栏目，该栏目按月公布的不上网文书信息包括：案号、法院、不上网理由、案件类型、案由、结案日期、原审案号、原审法院以及统计数量。另外，该栏目还公布了《2017 年全市基层人民法院不上网裁判文书情况汇总》以及《2017 年全市基层人民法院文书不上网情况检查登记表》。吉林高院司法公开网站设置了不上网文书公示栏目，该栏目按年份公布了从 2014—2017 年上半年的不上网文书数据。另外，吉林高院和长春中院按照不上网原因将不上网文书分为：非裁判文书、未生效裁判文书、生效裁判文书经审批不上网。其中，生效裁判文书经审批不上网又分为：涉及国家秘密的、未成年人犯罪的、以调解方式结案的、确认人民调解协议效力的、离婚诉讼、涉及未成年子女抚养监护的、人民法院认为不宜在互联网公布的其他情形。

3. 存在的问题

（1）不上网裁判文书信息项公开不理想

统计发现，在中国裁判文书网公开不上网裁判文书信息项的比例低于60%的法院多达126家，占78.75%，有28家法院完全未在中国裁判文书网公开上述信息，占17.5%。

抽查32家高院和32家中院显示，45家未在本院公开平台公开不上网裁判文书信息项，26家设置了裁判文书不上网栏目，其中仅有18家法院在裁判文书不上网栏目中公开了不上网裁判文书信息项。有7家法院设置了裁判文书不上网栏目，但网站显示"本网站公开了0条文书"。

（2）本院平台发布的信息项与中国裁判文书网不一致

在抽查的36家法院里，有5家法院在法院门户网站或者司法公开网站公布了不上网裁判文书信息项列表，但对这 5 家法院公开的不上网裁判文书进行随机抽查发现，均未在中国裁判文书网上找到相同案号的信息。

(3) 不上网裁判文书信息项不符合《规定》

部分法院公布的不上网裁判文书信息项内容不符合规定。以吉林高院 2017 年上半年不上网裁判文书信息项发布情况为例，某高院公布了不上网文书数量、不上网理由，没有公布案号和审理法院、裁判日期。某中院与所在省高院公布的不上网裁判文书信息项内容一致，也是只公布了不上网文书数量，没有公布案号和审理法院、裁判日期。

（六）裁判文书撤回

已经上传至中国裁判文书网如果存在疏漏，如与裁判文书原本不一致或者技术处理不当的，应当从中国裁判文书网上撤回并在修改后重新发布。评估发现，160 家法院中有 101 家法院不存在裁判文书上网公开后又撤回的情况。其余的 59 家法院中，在评估选定的时间段内共有 344 个案件的裁判文书在上网后又被撤回。其中，部分法院未提供相应的裁判文书撤回审批材料且未说明未提供审批材料的原因，涉及 23 家法院共 87 个案件。

1. 部分裁判文书撤回审批有待规范

依据法院提供的裁判文书撤回审批材料，部分法院撤回裁判文书未经过严格、完整的审批手续。具体表现为，有 5 家法院共 13 个案件有裁判文书撤回的审批表，但是审批表中没有签名。

2. 裁判文书撤回审批理由不规范

（1）未标注撤回审批理由

撤回理由是裁判文书撤回审批表中的必填选项，且是判定裁判文书撤回准确与否的关键。但是评估发现，个别法院虽然提供了裁判文书审批表，但是未说明撤回理由。例如，某中院 4 个案件裁判文书撤回审批表中未填写撤回理由。

（2）同时标注多个撤回审批理由

个别法院的撤回理由不止一种，如某基层法院 8 个案件的裁判文书撤回审批表中所列的理由均有两种，分别记载在当事人申请的理由和撤回的理由两个栏目下。其有的案件在撤回审批表中撤回的理由栏目下也勾选了两个理由：一个是错传（主要指将其他文书作为裁判文书或者一并上传，将与原本不一致的裁判文书上传）的；另一个是其他。对于其他事由，该审批表中只是在后面直接勾选，没有具体列明事由。

（3）撤回审批理由标注不明确

大部分裁判文书撤回审批理由比较简略,且没有详细的说明,课题组无法判断具体的撤回理由。例如,某高院的某些案件在裁判文书网上撤销审批表中不宜公布的理由一栏只记载了"其他"两个字;某中院部分裁判文书撤网审批表中的撤回理由均是不宜上网。

(4) 审批理由与文书内容不一致

有的裁判文书撤回审批表中列明的撤回理由与文书内容不一致。例如,某高院的部分裁判文书在撤回审批表中的撤回理由为该案在再审期间已调解结案,但是核查其提供的提审裁定书,无法判断该案再审期间调解结案。某中院保全案件的文书不宜公布的理由为"双方和解,案件已全部履行完毕,无其他争议,双方一致同意撤销网上裁判文书",但是其所提供的是保全裁定书,无法判断双方已和解。

有的文书撤回审批表中的撤回意见及理由是"该案涉及商业秘密",但是比对民事调解书,并未发现该裁判文书涉及商业秘密,也未发现该文书涉及其他不宜上网公开的因素。

3. 文书撤回后无正当理由未重新上网

裁判文书因文书内容错误、文书格式错误及操作失误或上传错误而被撤回的,待修改内容、调整格式或者改进技术问题后应该重新上传。但评估发现,有的裁判文书撤回后无正当理由未重新上网。例如，某中院撤回审批表显示，"裁判文书上传错误，需修改"，但其后续处理情况为"已撤回，没有重新公开"。某基层法院裁判文书的撤回原因与理由为"内容有误"，后续处理情况为"已撤回，没有重新公开"。不管是上传错误，需修改，还是内容有误，经撤回修改后均应重新上网公开。某高院裁判文书的撤销审批表中所列的不宜公开的理由为"当时由于电脑故障，上传的裁定文书中丢了一行字"，该高院提供的中国裁判文书网公开后又撤回的裁判文书列表中列明的后续处理情况为"未重新公开"。

（七）保障机制

1. 总体情况

评估显示，裁判文书上网的保障机制方面，160家法院中，有7家法院的6项评估指标均达到了评估的要求，分别是安徽高院、天津一中院、广州中院、滨海法院（天津）、延吉法院（吉林）、辉南法院（吉林）、万全法院（河北）。有6家法院6项评估指标均未达到评估的要求，分别是郑州中院、金水法院（河南）、贵阳中院、南明法院（贵州）、赫章法院（贵州）、独山法院（贵州）。

2. 多数法院制定了裁判文书公开的规章制度

最高人民法院《关于人民法院在互联网公布裁判文书的规定》第13条要求各级法院对辖区法院在互联网公布裁判文书进行监督指导，为此，必然需要建立有关的制度。裁判文书公开工作相关制度是法院组织、指导在互联网公布裁判文书的重要手段，可以保障裁判文书公开工作的有序进行，有助于促进裁判文书公开工作的规范有序发展。

评估显示，160家法院中有126家法院制定有裁判文书工作相关规章制度，占比78.75%，含28家高院、26家中院、72家基层法院。没有裁判文书工作相关规章制度的法院有34家，占21.25%，含4家高院、6家中院、24家基层法院（见图9）。

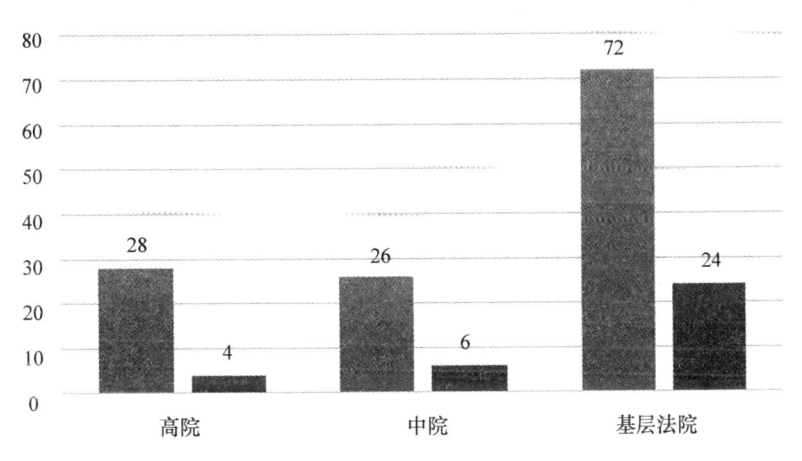

图9 三级法院设有裁判文书工作相关规章制度的情况

在有裁判文书公开工作相关规章制度的126家法院中，部分法院没有制定本院裁判文书工作相关规章制度，而是直接转发适用最高人民法院和本地区高院或本地区中院关于裁判文书工作的规章制度。例如，宝山法院（上海）适用的是最高人民法院和上海高院的规定；北辰法院（天津）适用的是最高人民法院和天津高院的规定；晋江法院（福建）是按照泉州中院的规定贯彻执行；泽库法院（青海）依据最高人民法院以及中院的《关于人民法院向中国裁判文书网上传裁判文书方法的通知》进行文书上传及公开。本次评估对此均从宽视作其制定有相关的规章制度。

3. 多数法院实行裁判文书上网工作通报机制

定期通报裁判文书公开工作情况，是对本院及辖区法院裁判文书公开工作进行横向比较，进而引导、鼓励乃至监督本院业务庭、辖区法院及干警进一步做好裁判文书公开工作的重要手段，有助于规范裁判文书工作，促进裁判文书公开工作有序开展。评估显示，160家法院中有122家采取了定期通报的做法，占76.250%，含29家高院、28家中院、65家基层法院；13家法院采取的是不定期通报的做法，占8.125%，含1家高院、12家基层法院；25家法院没有建立通报的机制，占15.625%，含2家高院、4家中院、19 家基层法院（见图 10）。

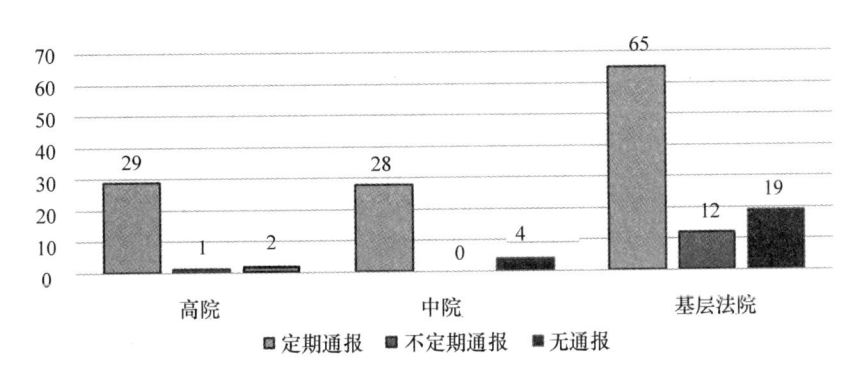

图 10　三级法院对裁判文书工作开展定期通报的情况

裁判文书工作定期通报的周期有以下几种情况。

（1）每周定期对裁判文书工作进行通报，如太原中院、古交法院（山西）。

（2）每月定期对裁判文书工作进行通报，如朝阳法院（北京）、沈河法院（辽宁）、石家庄中院、霍州法院（山西）、安徽高院、兰山法院（山东）、江西高院、南昌中院、昆山法院（江苏）、福建高院。其中，昆山法院（江苏）对本院裁判文书公开工作按月定期通报，附有通报内容，通报内容以个案中存在的问题为形式进行了罗列总结。

（3）按季度定期对裁判文书工作进行通报，如天津高院、南川法院（重庆）、哈尔滨中院、沈阳中院、内蒙古高院、山东高院、盐湖法院（山西）、江苏高院、湖南高院、广州中院、海口中院、成都中院、乌鲁木齐中院、阿克苏垦区法院（兵团）。其中，山东高院的通报情况最为详细，汇总了辖区内各中院与基层法院完成情况的图表分析，按季度进行地区分布与同期增减数据比较，直观感强，反映出了裁判文书公开工作不断完善的趋势。

（4）全年内一次性对裁判文书工作进行通报，如北辰法院（天津）、重庆高院、长春中院、山西高院、瑶海法院（安徽）、义乌法院（浙江）、福州中院、延津法院（河南）、湖北高院、沅陵法院（湖南）。例如，山西高院是一次性发布1—11月裁判文书上网情况专项通报。

4. 多数法院制定有裁判文书公开的考核办法

制定详细的考核办法有助于提高裁判文书公开工作的质量，提升工作人员工作积极性。评估显示，160家法院中有111家有详细的考核办法，占69.37%，含27家高院、19家中院、65家基层法院。其中，铁西法院（吉林）、曲阳法院（河北）有独立的裁判文书工作考核办法，即《铁西法院裁判文书上网绩效考核办法》《曲阳县法院关于裁判文书公开工作考核办法（试行）》。吉林高院的《吉林高院机关审判绩效考核办法（试行）》中关于裁判文书考核的办法，既包括对裁判文书质量的考核，也包括对裁判文书上网情况的考核。

49家没有详细的考核办法的法院含5家高院、13家中院、31家基层法院（见图11）。

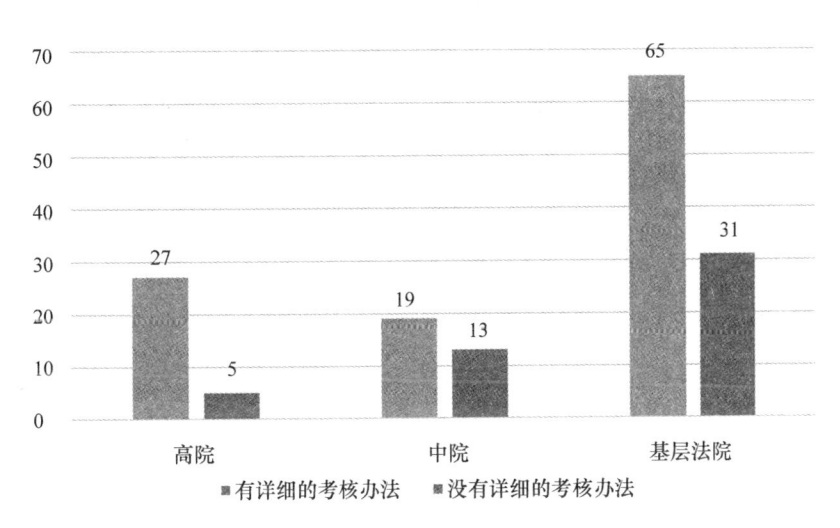

图11 三级法院制定有裁判文书工作详细考核办法的情况

独立的裁判文书工作考核办法，不仅能够突出裁判文书工作的重要性，而且能够规范审判流程。但评估也发现，裁判文书上网的考核方面也存在不少问题。

首先，大部分法院没有独立的裁判文书工作考核办法。大部分法院对裁判文书工作的考核办法是规定在办案业绩评价办法或者审判质效评估办法中的。

其次，部分法院仅有个人考核办法或者部门考核办法。评估显示，160家法院中仅有33家法院的考核办法包括对个人和部门的考核，43家法院的考核办法仅针对个人，33家法院的考核办法仅针对部门，1家法院即广东高院提供的材料未说明是对个人还是对部门的考核。仅有个人考核办法，会导致部门内部过分竞争，不利于部门整体绩效；仅有部门考核办法，则容易忽视个人在部门中的作用，难以发挥个人激励机制的作用。个人考核办法应与部门考核办法相结合，则可充分发挥考核办法对裁判文书公开工作的管理作用。

再次，关于裁判文书上网的考核内容单一。评估发现，部分法院关于裁判文书上网的考核内容并不全面系统。例如，某直辖市基层法院的《绩效考核办法》中关于裁判文书的绩效考核是针对"A类业务部门"的，具体考核标准是考核季度入选高院"四个一百"中的优秀裁判文书和示范庭审的，分别加3分，评为优秀的，再加2分。可见，该法院对于裁判文书的考核仅限于对裁判文书质量的考核，并没有包含对裁判文书公开工作的考核，考核内容较单一。某直辖市高院关于裁判文书的考核办法也是仅限于对裁判文书质量的考核，考核指标是案件质量。某省高院仅限于对裁判文书上网率的考核，具体为："裁判文书上网率：达到应上网数100%得1分，每减少1个百分点扣0.1分，最低得0分。"沈阳中院对裁判文书工作考核的内容也仅限于裁判文书上网数。

最后，多数法院没有提供最新一期的考核通报。

考核通报是对裁判文书公开工作阶段性目标的检验，根据阶段性检验结果可改善现有工作状态，及时发布最新一期的考核通报，能够及时发现工作中的问题，及时督促整改。考核通报对裁判文书管理工作具有引导、示范、评价和规制的积极作用。评估显示，160家法院中有52家提供了最新一期的考核通报，含11家高院、9家中院、32家基层法院；108家没有提供最新一期的考核通报，含21家高院、23家中院、64家基层法院（见图12）。

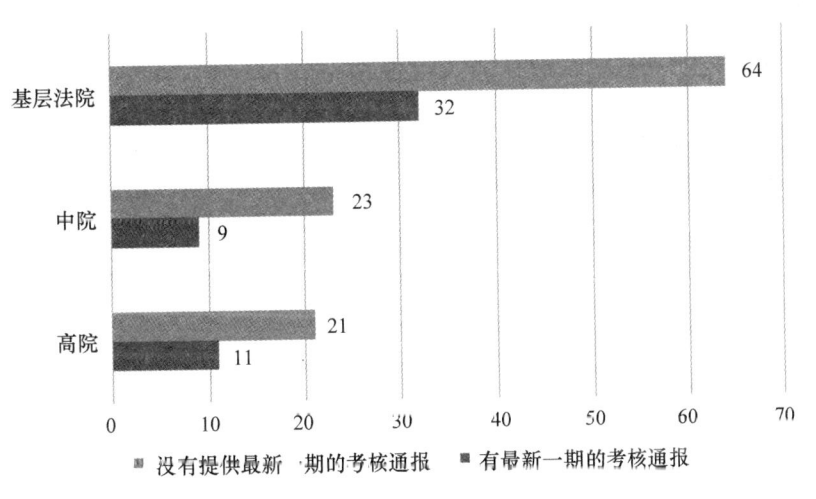

图12 三级法院就裁判文书上网进行最新一期考核通报的情况

5. 多数法院注重借信息化保障裁判文书上网

借助信息化支撑方便法官办案是大势所趋。在裁判文书上网公开方面，实现承办人员一键上网有助于减轻承办人员工作量，提升裁判文书上网效率，节约司法资源，还有助于规范文书上网格式及流程等。根据自报材料，多数法院实现了裁判文书一键上网功能，160家法院中有108家法院已经实现文书一键上网，占67.5%，含27家高院、20家中院、61家基层法院；52家法院尚未实现该功能，占32.5%，含5家高院、12家中院、35家基层法院（见图13）。

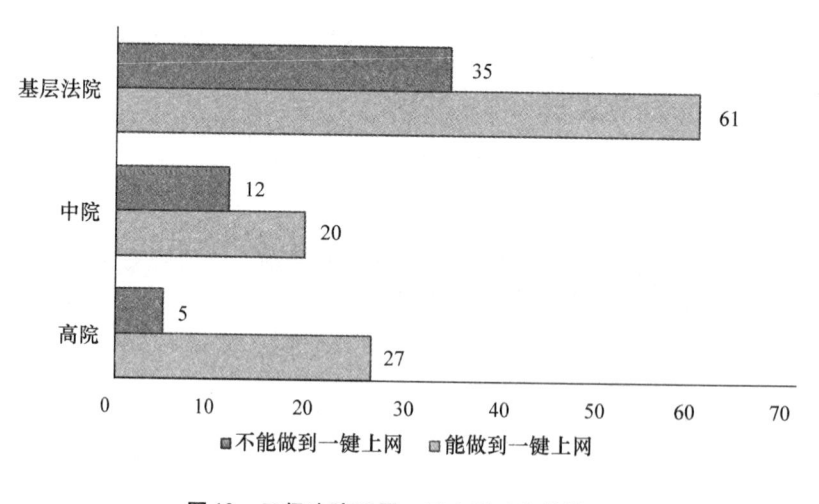

图13 三级法院配置一键上网功能的情况

此外，多数法院为文书上网配备了专门的隐名处理软件。隐名处理软件是保护裁判文书中当事人隐私权的利器，是法院信息化建设服务于文书上网的重要体现，也是减轻法院干警工作量的重要辅助工具。评估显示，160家法院中有111家有专门的隐名处理软件，含27家高院、22家中院、62家基层法院；有49家没有专门的隐名处理软件，含5家高院、10家中院、34家基层法院（见图14）。

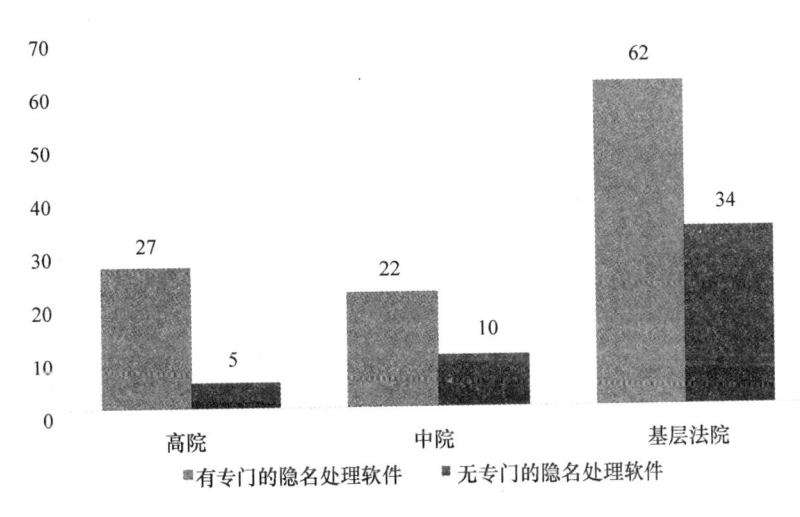

图14 三级法院配置隐名处理软件的情况

在互联网时代，法院应加快信息化建设，将信息技术深入司法公开工作中，让信息技术充分有效地服务司法公开。但评估也显示，部分法院信息化建设应用不够理想。如前所述，160家法院中，有52家法院不能做到一键上网，有49家法院没有隐名处理软件。

（八）完善建议

1. 令上网发布时间的要求更加合理化

本次评估发现的一些问题在一定程度上与现行最高人民法院《关于人民法院在互联网公布裁判文书的规定》有关，其中最为突出的就是关于裁判文书上网时间的规定。现行规定要求裁判文书生效之日起7个工作日内在互联网公布，依法提起抗诉或者上诉的一审判决书、裁定书，应当在二审裁判生效后7个工作日内在互联网公布。该规定扩大了一审裁判文书上网公开的范围，但是，由于需要等裁判文书生效后才公开，容易给裁判文书上网公开的管理带来难以化解的难题。以上网率的核算为例，迄今难以找到最为精准的上网率核算方法，其根本原因在于，现行规定要求裁判文书生效才能上网，而每个案件裁判文书的生效时间差异性很大，受制于文书何时可以送达当事人、送达后承办人能否按时规范进行信息录入等，即便用尽现有的技术手段，想要精细化管控每个案件的裁判文书上网公开难度极大。事实上，裁判文书是法院代表国家签发的公文，盖有带着国徽的院印，代表的是国家意志和国家强制力。即便裁判文书因未送达当事人而不能生效，其也同样具备公定力和公信力，未经法定程序，不得废止、修改。那么，在公开裁判文书方面，再机械地等待其生效显然已毫无意义。因此，建议适时修改最高人民法院《关于人民法院在互联网公布裁判文书的规定》中关于裁判文书上网公开的时间要求，明确裁判文书一经作出即应在一定期限内上传至中国裁判文书网，二审裁判文书一经作出即应与一审裁判文书同步上传至中国裁判文书网。由于现在普遍推行在线办案、在线办公，绝大多数法院已经可以在一定程度上实现裁判文书自动生成、隐名处理、一键上传互联网；因此，裁判文书上传期限设定为作出之日7个自然日也是完全可行的。

2. 结合文书公开提升审判管理规范化

本次评估发现，有的文书存在制作时间晚于案件报结时间的情况，这表明有关法院的案件报结不严谨、不规范。建议结合中国裁判文书网后台的校验功能，对于出现文书制作时间晚于案件报结时间的，自动对有关法院发出预警，提示其注意案件报结管理。同时，建议进一步规范全国法院的结案操作，杜绝提前报结现象。

从部分文书上网时间严重滞后的情况看，有关法院存在文书送达时效性差、缺乏监管等问题，建议有针对性地整改文书送达、送达回证梳理、系统信息录入等节点，规范有关流程，提升工作效率。

3. 严格管理裁判文书不上网审批工作

以列举的方式明确不上网裁判文书的范围，这是贯彻裁判文书上网发布以公开为常态、以不公开为例外原则的具体体现。为了避免一刀切导致出现不该公开的裁判文书被上传至互联网发布，最高人民法院《关于人民法院在互联网公布裁判文书的规定》还设置了兜底条款，允许法院就某些具体个案进行裁量。

近年来，不上网审批工作总体上趋于规范，但评估也发现个别地区、个别案件存在不上网审批不规范、随意性大的问题。为此，建议从如下方面进一步严格规范不上网审批工作。

第一，严格区分法定不上网和裁量不上网。对于最高人民法院《关于人民法院在互联网公布裁判文书的规定》明确的具备法定不上网情形的裁判文书，只需要案件承办人在办案系统中勾选"法定不上网"及其具体情形（如涉及国家秘密、涉及未成年人犯罪等），不需要再额外履行审批手续，以减少承办人工作量、提升工作效率。为此，建议根据司法实践，经过深入调研，了解部分地区对法定不上网进行审批的理由，研判是否存在对现有法定不上网事由理解把握不准的情况，并适当细化规定或者出台指导性文件，以指引一线办案人员操作。对此，要鼓励各地法院在严格考核下级法院、业务庭及办案人员或办案团队上网率的前提下，放手让承办人员勇于直接勾选法定不上网选项，并适当对将法定不上网文书混入不上网审批范畴的行为作出一定的负面评价。对于裁量不上网，应当严格审批管理。

首先，要根据实际进一步明确不宜公开的事由，减少一线操作中的随意性。建议上级法院以指导性文件的方式明确常见不上网事由的认定标准，如如何认定涉及隐私、如何认定是否有害于社会稳定和公序良俗、如何根据社会舆情综合考量是否公开等。

其次，要规范审批流程。根据办案实际，要将审批表和审批流程全部嵌入办案系统，实现在线审批、在线管理、全程留痕。审批表所列项目要具体明确，不可遗漏案件号、案由、审批栏等信息项目。案件管理系统应当可以对全院及下级院不上网情况和审批情况进行归总分析。

最后，定期抽查评审不上网审批情况。审批管理部门应当定期组织对本院和下级法院不上网审批情况进行评查，及时发现问题、督促整改。

第二，对不宜公开的裁判文书和裁判文书不宜公开的内容进行严格区分。现行规定以及各地采取的做法是只要裁判文书涉及不上网事由，往往整个文书都不会公开，这是背离以公开为常态原则的。即便是那些涉及法定不上网事由的裁判文书，如果通过删除、涂改、隐名等方式既可以不影响裁判文书内容完整性，又不影响保守相关秘密的，也有必要公开。为此，有必要考虑修改最高人民法院《关于人民法院在互联网公布裁判文书的规定》第8条的内容，扩大其适用范围。

4. 从严把握从互联网撤回文书的审批

将出现瑕疵的裁判文书从互联网上撤回是符合实

事求是原则的，但裁判文书是法院代表国家作出的公文，不应草率行事，所以，撤回裁判文书应当严格规范。

第一，逐步提升裁判文书质量。从本次评估结果看，各地法院撤回裁判文书的不在少数，且也发生过因为裁判文书出现纰漏引发舆情的实例，撤回的绝大部分裁判文书归根结底是因为承办人责任心不强、工作不细致甚至水平不够、文书质量不高。因此，从源头上提升裁判文书质量，杜绝文字上的低级错误、加强裁判文书说理是根本，此外还需要严格做好隐名处理工作。在繁简分流的前提下，依照最高人民法院《关于加强和规范裁判文书释法说理的指导意见》，除格式化的简易裁判文书外，判决书均应加强说理工作，以理服人。建议审判管理部门在现有优秀裁判文书评查基础上，加大对文书说理的督导评查。

第二，重视裁判文书撤回审批。撤回裁判文书同样应当经过严格的审批手续，撤回审批表中不仅应当填写撤回理由，而且应当认真、准确、详细地列明审批理由，且所列理由应与实际情况相符，防止审批手续流于形式。

第三，规范文书撤回的后续处理。发现裁判文书不宜上网公开而撤回后，并非一劳永逸。如果确实属于裁判文书内容存在不宜上网的情形，撤回后不应再上网，但应履行审批手续并公开不上网裁判文书信息项；如果裁判文书撤回后经修改完善可以继续上网公开的，应当及时回传至中国裁判文书网公开。

5. 注重不上网文书信息项的公开工作

公开不上网裁判文书的相关信息，也是监督法院裁判文书公开工作的一种方式。应当发挥中国裁判文书网集中发布裁判文书信息的统一平台作用，所有法院应首选通过中国裁判文书网发布本院的不上网文书信息项，在此基础上，允许其在自身司法公开平台中同步公开有关信息。建议在中国裁判文书网设置"不上网裁判文书信息项公开专栏"，并按照地域或法院、法院层级、审判程序、裁判时间、案件类型等分类，归集全国各级法院的不上网裁判文书信息项，以方便公众查询。各级法院要确保公开内容的完整、准确、严谨。对于公开的不上网理由，应当严格把关，避免因为公开不慎重引发舆情炒作。

6. 加强对裁判文书公开的信息化保障

裁判文书在互联网公开是信息化时代司法公开的必然趋势，要做好裁判文书公开工作必然要紧紧依靠信息化的有力保障。要根据当前智慧法院建设的规划，加快推进在线办案、电子卷宗同步生成、案件数据智能回填、裁判文书一键生成、文书内容自动校验、隐名处理、一键上网和后续跟踪上网与监管的全部自动化。应在办案系统尤其是文书制作板块中强制性增加裁判文书文字内容校对和隐名处理功能，并将文字校对和隐名处理作为文书签发和一键上网的必经流程。在升级办案系统时，还应当进一步开发文书内容与案件重要节点的自动比对功能，对可能存在问题的文书内容提示承办人注意。对于已经签发的裁判文书，应由系统自动追踪监控上网时间，即便在现行生效上网的条件下，也应当对上网时间进行监控，超出一定合理期限的应当预警提示，督促做好裁判文书送达以及送达后的信息回填工作。另外，应考虑在办案系统中内嵌强制性在线制作文书的功能。例如，有案件的文书制作只能通过办案系统制作、签发，这样一来，一个案件制作了多少份裁判文书一目了然，便于统计，也便于上网公开的管理。

此外，在办案系统及中国裁判文书网后台，应当设置对裁判文书进行校验的功能。例如，办案系统的裁判文书生成模块中除了要自动提取电子卷宗同步生成和深度应用中产生的案件基本信息外，还应当自动对案件立案、结案时间与裁判文书制作时间进行比对，发现逻辑错误的应当提示承办人。中国裁判文书网后台收到上传的文书后也应当依据案件收结案时间，对文书制作时间、落款时间、系统填报的时间等进行校验，发现有误的直接退回有关法院。

7. 进一步提升中国裁判文书网易用性

本次评估主要依靠从中国裁判文书网后台和相关法院调取数据，但课题组也通过中国裁判文书网查询了部分文书的公开情况，发现中国裁判文书网没有专门的不上网裁判文书信息项发布专栏，检索功能默认的简单检索不支持直接查询案件号，在检索了某关键词后继续检索其他关键词时网站默认将两个检索条件叠加影响查询效果。因此，除前文提到的建议增设"不上网裁判文书信息项发布专栏"外，建议中国裁判文书网进一步优化检索功能，提高检索效率。

附 件

一 中国司法公开评估对象

(一) 审判流程公开评估对象（共 128 家）

北京市高级人民法院
北京市第三中级人民法院
　北京市朝阳区人民法院
　北京市顺义区人民法院

天津市高级人民法院
天津市第一中级人民法院
　天津市东丽区人民法院
　天津市滨海新区人民法院

河北省高级人民法院
石家庄市中级人民法院
　秦皇岛市海港区人民法院
　曲阳县人民法院

山西省高级人民法院

太原市中级人民法院

　　古交市人民法院

　　运城市盐湖区人民法院

内蒙古自治区高级人民法院

呼和浩特市中级人民法院

　　阿鲁科尔沁旗人民法院

　　牙克石市人民法院

辽宁省高级人民法院

沈阳市中级人民法院

　　沈阳市沈河区人民法院

　　桓仁满族自治县人民法院

吉林省高级人民法院

长春市中级人民法院

　　四平市铁西区人民法院

　　延吉市人民法院

黑龙江省高级人民法院

哈尔滨市中级人民法院

　　哈尔滨市南岗区人民法院

　　克山县人民法院

上海市高级人民法院

上海市第一中级人民法院

　　上海市宝山区人民法院

上海市浦东新区人民法院

江苏省高级人民法院

南京市中级人民法院

 常州市天宁区人民法院

 昆山市人民法院

浙江省高级人民法院

杭州市中级人民法院

 长兴县人民法院

 义乌市人民法院

安徽省高级人民法院

合肥市中级人民法院

 合肥市瑶海区人民法院

 阜阳市颍泉区人民法院

福建省高级人民法院

福州市中级人民法院

 晋江市人民法院

 建瓯市人民法院

江西省高级人民法院

南昌市中级人民法院

 宜春市袁州区人民法院

 婺源县人民法院

山东省高级人民法院

济南市中级人民法院

潍坊市奎文区人民法院

临沂市兰山区人民法院

河南省高级人民法院

郑州市中级人民法院

郑州市金水区人民法院

延津县人民法院

湖北省高级人民法院

武汉市中级人民法院

武汉市江汉区人民法院

京山县人民法院

湖南省高级人民法院

长沙市中级人民法院

长沙市岳麓区人民法院

吉首市人民法院

广东省高级人民法院

广州市中级人民法院

深圳市福田区人民法院

云浮市云城区人民法院

广西壮族自治区高级人民法院

南宁市中级人民法院

南宁市青秀区人民法院

容县人民法院

海南省高级人民法院

海口市中级人民法院

　　海口市龙华区人民法院

　　陵水黎族自治县人民法院

重庆市高级人民法院

重庆市第一中级人民法院

　　重庆市渝中区人民法院

　　重庆市南川区人民法院

四川省高级人民法院

成都市中级人民法院

　　成都高新技术产业开发区人民法院

　　旺苍县人民法院

贵州省高级人民法院

贵阳市中级人民法院

　　贵阳市南明区人民法院

　　赫章县人民法院

云南省高级人民法院

昆明市中级人民法院

　　昆明市五华区人民法院

　　鲁甸县人民法院

西藏自治区高级人民法院

拉萨市中级人民法院

　　拉萨市城关区人民法院

白朗县人民法院

陕西省高级人民法院

西安市中级人民法院

　西安市未央区人民法院

　洛南县人民法院

甘肃省高级人民法院

兰州市中级人民法院

　张掖市甘州区人民法院

　漳县人民法院

青海省高级人民法院

西宁市中级人民法院

　西宁市城东区人民法院

　尖扎县人民法院

宁夏回族自治区高级人民法院

银川市中级人民法院

　银川市兴庆区人民法院

　永宁县人民法院

新疆维吾尔自治区高级人民法院

乌鲁木齐市中级人民法院

　乌鲁木齐市沙依巴克区人民法院

　轮台县人民法院

新疆维吾尔自治区高级人民法院生产建设兵团分院

第一师中级人民法院

 阿克苏垦区人民法院

 五家渠垦区人民法院

（二）裁判文书公开评估对象（共160家）

北京市高级人民法院

北京市第三中级人民法院

 北京市朝阳区人民法院

 北京市房山区人民法院

 北京市顺义区人民法院

天津市高级人民法院

天津市第一中级人民法院

 天津市东丽区人民法院

 天津市北辰区人民法院

 天津市滨海新区人民法院

河北省高级人民法院

石家庄市中级人民法院

 秦皇岛市海港区人民法院

 曲阳县人民法院

 张家口市万全区人民法院

山西省高级人民法院

太原市中级人民法院
　　古交市人民法院
　　运城市盐湖区人民法院
　　霍州市人民法院

内蒙古自治区高级人民法院

呼和浩特市中级人民法院
　　阿鲁科尔沁旗人民法院
　　新巴尔虎左旗人民法院
　　牙克石市人民法院

辽宁省高级人民法院

沈阳市中级人民法院
　　沈阳市沈河区人民法院
　　桓仁满族自治县人民法院
　　阜新市海州区人民法院

吉林省高级人民法院

长春市中级人民法院
　　四平市铁西区人民法院
　　辉南县人民法院
　　延吉市人民法院

黑龙江省高级人民法院

哈尔滨市中级人民法院
　　哈尔滨市南岗区人民法院
　　克山县人民法院

鹤岗市东山区人民法院

上海市高级人民法院

上海市第一中级人民法院

上海市宝山区人民法院

上海市浦东新区人民法院

上海市松江区人民法院

江苏省高级人民法院

南京市中级人民法院

常州市天宁区人民法院

昆山市人民法院

如东县人民法院

浙江省高级人民法院

杭州市中级人民法院

嘉善县人民法院

长兴县人民法院

义乌市人民法院

安徽省高级人民法院

合肥市中级人民法院

合肥市瑶海区人民法院

含山县人民法院

阜阳市颍泉区人民法院

福建省高级人民法院

福州市中级人民法院

晋江市人民法院

建瓯市人民法院

漳平市人民法院

江西省高级人民法院

南昌市中级人民法院

　余江县人民法院

　宜春市袁州区人民法院

　婺源县人民法院

山东省高级人民法院

济南市中级人民法院

　潍坊市奎文区人民法院

　临沂市兰山区人民法院

　禹城市人民法院

河南省高级人民法院

郑州市中级人民法院

　郑州市金水区人民法院

　开封市祥符区人民法院

　延津县人民法院

湖北省高级人民法院

武汉市中级人民法院

　武汉市江汉区人民法院

　枝江市人民法院

　京山县人民法院

湖南省高级人民法院

长沙市中级人民法院

 长沙市岳麓区人民法院

 沅陵县人民法院

 吉首市人民法院

广东省高级人民法院

广州市中级人民法院

 深圳市福田区人民法院

 龙门县人民法院

 云浮市云城区人民法院

广西壮族自治区高级人民法院

南宁市中级人民法院

 南宁市青秀区人民法院

 容县人民法院

 兴业县人民法院

海南省高级人民法院

海口市中级人民法院

 海口市龙华区人民法院

 临高县人民法院

 陵水黎族自治县人民法院

重庆市高级人民法院

重庆市第一中级人民法院

 重庆市渝中区人民法院

重庆市南川区人民法院

云阳县人民法院

四川省高级人民法院

成都市中级人民法院

 成都高新技术产业开发区人民法院

 旺苍县人民法院

 井研县人民法院

贵州省高级人民法院

贵阳市中级人民法院

 贵阳市南明区人民法院

 赫章县人民法院

 独山县人民法院

云南省高级人民法院

昆明市中级人民法院

 昆明市五华区人民法院

 鲁甸县人民法院

 南涧彝族自治县人民法院

西藏自治区高级人民法院

拉萨市中级人民法院

 拉萨市城关区人民法院

 白朗县人民法院

 贡觉县人民法院

陕西省高级人民法院

西安市中级人民法院

　　西安市未央区人民法院

　　武功县人民法院

　　洛南县人民法院

甘肃省高级人民法院

兰州市中级人民法院

　　张掖市甘州区人民法院

　　漳县人民法院

　　宕昌县人民法院

青海省高级人民法院

西宁市中级人民法院

　　西宁市城东区人民法院

　　尖扎县人民法院

　　泽库县人民法院

宁夏回族自治区高级人民法院

银川市中级人民法院

　　银川市兴庆区人民法院

　　永宁县人民法院

　　中宁县人民法院

新疆维吾尔自治区高级人民法院

乌鲁木齐市中级人民法院

　　乌鲁木齐市沙依巴克区人民法院

轮台县人民法院

特克斯县人民法院

新疆维吾尔自治区高级人民法院生产建设兵团分院

第一师中级人民法院

阿克苏垦区人民法院

五家渠垦区人民法院

乌鲁木齐垦区人民法院

二 最高人民法院
关于进一步深化司法公开的意见

法发〔2018〕20号

加强司法公开是落实宪法法律原则、保障人民群众参与司法的重大举措，是深化司法体制综合配套改革、健全司法权力运行机制的重要内容，是推进全面依法治国、建设社会主义法治国家的必然要求。党的十八大以来，以习近平同志为核心的党中央高度重视司法公开工作，党的十八届三中、四中全会将推进司法公开，构建开放、动态、透明、便民的阳光司法机制作为全面深化改革和全面依法治国的重要任务，作出一系列重大部署。人民法院坚决贯彻落实党中央决策部署，紧紧围绕"努力让人民群众在每一个司法案件中感受到公平正义"的工作目标，推进司法公开达到前所未有的广度和深度，取得显著成效。目前，司法公开规范化、制度化、信息化水平显著提升，审判流程公开、庭审活动公开、裁判文书公开、执行信息公开四大平台全面建成运行，开放、动态、透明、便民的阳光司法机制已经基本形成，在保障人民群众知情权、参与权、表达权和监督权，促进提升司法为民、公正司法能力以及弘扬法治精神、讲好中国法治故事等方面发挥了重要作用。司法公开是新时代法治中国建设的生动实践，已经成为我国在开展国际司法交流合作中的一张亮丽名片。

党的十九大明确提出深化依法治国实践、深化司法体制综合配套改革的重大任务，并对深化权力运行公开作出新的重大部署，强调"要加强对权力运行的制约和监督，让人民监督权力，让权力在阳光下运行，把权力关进制度的笼子"，为人民法院进一步深化司法公开指明了方向，提出了新的更高要求。为深入学习贯彻习近平新时代中国特色社会主义思想和党的十九大精神，贯彻落实党中央关于推进司法公开的一系列重大决策部署，总结司法公开工作经验，巩固党的十八大以来司法公开工作取得的成果，推动开放、动态、透明、便民的阳光司法机制更加成熟定型，实现审判体系和审判能力现代化，促进新时代人民法院工作实现新发展，现对进一步深化司法公开工作提出以下意见。

（一）总体要求

1. **指导思想**

坚持以习近平新时代中国特色社会主义思想为指导，全面贯彻党的十九大和十九届一中、二中、三中全会精神，紧紧围绕"努力让人民群众在每一个司法案件中感受到公平正义"的工作目标，高举新时代改革开放旗帜，进一步深化司法公开，不断拓展司法公开的广度和深度，健全完善司法公开制度机制体系，优化升级司法公开平台载体，大幅提升司法公开精细化、规范化、信息化水平，推进建设更加开放、动态、透明、便民的阳光司法机制，形成全面深化司法公开新格局，促进实现审判体系和审判能力现代化，大力弘扬社会主义核心价值观，促进增强全民法治意识，讲好中国法治故事，传播中国法治声音。

2. **基本原则**

（1）坚持主动公开。深刻领会习近平总书记提出的"让暗箱操作没有空间，让司法腐败无法藏身"重要指示要求，充分认识深化司法公开工作的重大意义，进一步增强主动接受监督意识，真正变被动公开为主动公开，继续健全完善阳光司法机制，努力让正义不仅要实现，还要以看得见的方式实现。

（2）坚持依法公开。严格履行宪法法律规定的公开审判职责，切实保障人民群众参与司法、监督司法的权利。严格执行法律规定的公开范围，依法公开相关信息，同时要严守国家秘密、审判秘密，保护当事人信息安全。尊重司法规律，明确司法公开的内容、范围、方式和程序，确保司法公开工作规范有序开展。

（3）坚持及时公开。严格遵循司法公开的时效性要求，凡属于主动公开范围的，均应及时公开，不得无故延迟。有明确公开时限规定的，严格在规定时限内公开。没有明确公开时限要求的，根据相关信息性质特点，在合理时间内公开。

（4）坚持全面公开。以公开为原则、以不公开为例外，推动司法公开覆盖人民法院工作各领域、各环节。坚持程序事项公开与实体内容公开相结合、审判执行信息公开与司法行政信息公开相结合、通过传统方式公开与运用新媒体方式公开相结合，最大限度保障人民群众知情权、参与权、表达权和监督权。

（5）坚持实质公开。紧紧围绕人民群众司法需求，依法及时公开当事人和社会公众最关注、最希望了解的司法信息，切实将司法公开重心聚焦到服务群众需求和保障公众参与上来。不断完善司法公开平台的互动功能、服务功能和便民功能，主动回应社会关切，努力把深化司法公开变成人民法院和人民群众双向互动的过程，让司法公开成为密切联系群众的桥梁纽带。

（二）进一步深化司法公开的内容和范围

3. 全面拓展司法公开范围

尊重司法活动规律，根据四级法院职能定位，进一步明确司法公开的内容和范围。对涉及当事人合法权益、社会公共利益，需要社会广泛知晓的司法信息，应当纳入司法公开范围，根据其性质特点，区分向当事人公开或向社会公众公开。对于人民法院基本情况、审判执行、诉讼服务、司法改革、司法行政事务、国际司法交流合作、队伍建设等方面信息，除依照法律法规、司法解释不予公开以及其他不宜公开的外，应当采取适当形式主动公开。

4. 深化人民法院基本信息公开

人民法院应当主动公开以下基本信息，坚持动态更新，保证准确、清晰、易获取，方便人民群众及时、准确了解掌握。

（1）机构设置；

（2）司法解释；

（3）指导性案例；

（4）规范性文件；

（5）向同级人民代表大会所作的工作报告；

（6）重要会议、重大活动和重要工作等动态信息；

（7）其他需要社会广泛知晓的基本信息。

5. 深化审判执行信息公开

人民法院应当主动公开以下审判执行信息，逐步推进公开范围覆盖审判执行各领域，健全完善审判执行信息公开制度规范，促进统一公开流程标准，确保审判执行权力始终在阳光下运行。

（1）司法统计信息；

（2）审判执行流程信息；

（3）公开开庭审理案件的庭审活动；

（4）裁判文书；

（5）重大案件审判情况；

（6）执行工作信息；

（7）减刑、假释、暂予监外执行信息；

（8）企业破产重整案件信息；

（9）各审判执行领域年度工作情况和典型案例；

（10）司法大数据研究报告；

（11）审判执行理论研究、司法案例研究成果；

（12）其他涉及当事人合法权益、社会公共利益或需要社会广泛知晓的审判执行信息。

6. 深化诉讼服务信息公开

人民法院应当主动公开以下诉讼服务信息，着力提升诉讼服务信息获取的便捷性，提高诉讼服务水平，切实方便当事人诉讼。

（1）诉讼指南；

（2）人民法院公告；

（3）司法拍卖和确定财产处置参考价相关信息；

（4）司法鉴定、评估、检验、审计等专业机构、专业人员信息，破产管理人信息，暂予监外执行组织诊断工作信息，专家库信息；

（5）特邀调解员、特邀调解组织、驻点值班律师、参与诉讼服务的专家志愿者等信息；

（6）申诉信访渠道；

（7）其他涉及当事人合法权益、社会公共利益或需要社会广泛知晓的诉讼服务信息。

7. 深化司法改革信息公开

人民法院应当主动公开以下司法改革信息，提高司法改革工作透明度，增强人民群众对司法改革的获得感。

（1）人民法院司法改革文件；

（2）人民法院重大司法改革任务进展情况；

（3）人民法院司法改革典型案例；

（4）其他需要社会广泛知晓的司法改革信息。

8. 深化司法行政事务信息公开

人民法院应当主动公开以下司法行政事务信息，及时回应社会关切，自觉接受社会监督，切实提高司法行政事务办理的透明度和规范化水平。

（1）涉及社会公共利益或社会关切的人大代表议案建议和政协提案办理情况；

（2）部门预算、决算公开说明；

（3）人民法院信息化技术标准；

（4）其他需要社会广泛知晓的司法行政事务信息。

9. 深化国际司法交流合作信息公开

人民法院应当主动公开以下国际司法交流合作信息，加强司法文明交流互鉴，充分展示中国法院良好国际形象，促进提升我国司法的国际竞争力、影响力和公信力。

（1）人民法院开展的重要国际司法交流合作活动情况；

（2）人民法院举办和参与重要国际司法会议情况；

（3）其他需要社会广泛知晓的国际司法交流合作信息。

10. 深化队伍建设信息公开

人民法院应当主动公开以下队伍建设信息，为社会公众知晓、参与和监督人民法院队伍建设工作提供便利。

（1）党的建设情况；

（2）人事工作情况；

（3）纪检监察信息；

（4）先进典型信息；

（5）教育培训工作情况；

（6）司法警察工作情况；

（7）法院文化建设情况；

（8）其他需要社会广泛知晓的队伍建设情况。

11. 建立完善司法公开内容动态调整制度

根据党中央和最高人民法院关于司法公开工作的部署要求，结合社会公众关切和人民法院实际，按年度明确司法公开工作重点，动态调整更新司法公开内容，稳步有序拓展司法公开范围。

12. 推进司法公开规范化标准化建设

最高人民法院要健全完善司法公开制度规范体系，围绕人民法院工作重点领域、关键环节和人民群众关注的重要司法信息，总结各地法院工作经验，加强司法公开规范化标准化建设，积极研究出台相关技术标准和操作规程，强化对下监督和分类指导，不断提升司法公开质效。各高级人民法院要指导推进本辖区司法公开规范化标准化建设工作。

（三）完善和规范司法公开程序

13. 健全司法公开形式

司法公开形式应当因地制宜、因事而定、权威规范、注重实效，便于公众及时准确获取，坚决防止形式主义。最高人民法院就司法公开形式有统一要求的，应当按照相关要求进行公开。鼓励基层人民法院探索行之有效、群众喜闻乐见的司法公开形式。结合实际，可以通过以下载体进行公开：

（1）报刊、广播、电视、网络等公共媒体；

（2）依照《人民法院法庭规则》开放旁听或报道庭审活动；

（3）人民法院公报、公告、规范性文件或其他正式出版物；

（4）人民法院政务网站或其他权威网站平台；

（5）新闻发布会、听证会、论证会等；

（6）人民法院官方微博、微信公众号、新闻客户端等新媒体；

（7）人民法院诉讼服务大厅、诉讼服务网、12368诉讼服务热线、移动微法院等诉讼服务平台；

（8）其他便于及时准确获取的方式。

14. 畅通当事人和律师获取司法信息渠道

仅向当事人或利害关系人公开的信息，必须严格依照相关诉讼法及有关规定公开，不得向社会公开发布。在确保信息安全前提下，可以充分运用信息化手段为当事人或利害关系人获取司法信息提供便利。大力加强律师服务平台建设，为律师依法履职提供便利，更好发挥律师在促进司法为民、公正司法中的重要作用。

15. 明确司法公开责任主体

按照属地管理、归口管理、分级负责的原则，明确各项司法公开内容的责任主体，负责办理司法公开事项、管理公开内容，并对其合法性、完整性、准确性、时效性、安全性负责。建立健全司法公开协调机制，公开内容涉及多个人民法院、人民法院多个内设机构或者其他单位的，应当经协调一致后予以公开，确保司法公开信息准确完整。

16. 完善司法公开流程和管理机制

建立健全司法公开工作机制，完善工作流程，明确管理责任，规范有序推进司法公开工作。各部门提出拟公开事项，应对具体公开内容进行核实把关，需要审批的经履行审批程序后予以公开。建立健全公开重大敏感事项前的风险评估机制。建立健全社会关注热点的跟踪回应机制，加强司法公开政策解读工作，切实回应社会关切和群众司法需求。对于社会舆论因不了解情况产生模糊认识或错误看法的，要主动发布权威信息，澄清事实、释疑解惑。司法公开平台载体的管理者、运营者以及其他相关责任主体，依职权对拟在其平台载体上公开的事项，履行好编辑把关责任和日常监测管理责任。

17. 严格落实司法公开保密审查机制

建立健全司法公开保密审查机制。承办司法公开事项时应当同步进行保密审查，加强对国家秘密、审判秘密、商业秘密、公民隐私权和个人信息安全的保护，实现依法公开与保守秘密的有机统一。属于司法公开内容范围的，严格按照人民法院工作国家秘密范围或已定密事项开展定密工作，不得随意扩大定密范围。

（四）加强司法公开平台载体建设管理

18. 加强人民法院公报、白皮书工作

充分发挥公报作为各类重要司法信息标准文本和权威载体的作用，及时准确刊登重要法律文献、司法解释、司法文件、司法统计、典型案例等重要司法信息。积极推进历史公报数字化工作，建立完善覆盖全面的人民法院公报数据库，提供开放在线服务。重点围绕服务大局、司法为民、公正司法的重要司法政策、重大司法举措以及重要审判工作情况，扎实做好白皮书编写、制作、发布和宣传工作，切实增强白皮书权威性、规范性和可读性。对于具有重要影响的白皮书，加大宣传推介力度，推进多语言译制工作，提高人民法院白皮书的传播力、影响力。

19. 加强人民法院政务网站建设管理

主动适应信息技术发展、传播方式变革趋势，提高人民法院政务网站服务司法公开、回应社会关切、弘扬法治精神的能力，努力将人民法院政务网站建设成为及时、准确、规范、高效的司法公开平台、互动交流平台和公共服务平台。加强政务网站内容建设和规范管理，强化信息发布更新，及时归并或关闭内容更新没有保障的栏目版块，避免因内容更新不及时、信息发布不准确、意见建议不回应影响司法公开效果。

20. 加强全国法院政务网站建设统筹

编制完善全国法院政务网站发展指引，明确四级法院政务网站功能定位和内容建设要求，分级统一相关技术标准。推进全国法院政务网站集约化建设，将确实缺乏可靠人力、财力和机制保障的基层人民法院网站迁移到上级人民法院网站技术平台统一运营或向安全可控的云服务平台迁移，避免重复建设，保证技术安全。加强各级人民法院政务网站间的协同联动，推进全国法院政务网站群建设，促进资源整合共享，形成一体化司法公开服务网络，增强人民法院政务网站传播效果。

21. 进一步深化司法公开四大平台建设

深化中国审判流程信息公开网建设，全面落实通过互联网公开审判流程信息的规定，完善相关业务规范和技术标准，推进网上办案数据自动采集，推动实现审判流程信息精准推送。扩大庭审公开范围，推进庭审网络直播工作，通过对更多案件特别是有典型意义的案件进行网络直播，主动接受社会监督，促进提升司法能力，深入开展法治教育。加大裁判文书全面公开力度，严格不上网核准机制，杜绝选择性上网问题，规范上网裁判文书管理，加强裁判文书数据资源研究利用。加大执行信息公开力度，拓展执行信息公开范围，推动完善"一处失信、处处受限"信用惩戒大格局，强化公开、透明、规范执行，促进执行工作高水平运行。加大司法公开四大平台建设整合力度，注重用户体验，优化平台功能，完善程序制度，更加重视移动互联时代新特点，促进平台从单向披露转为多向互动，让诉讼活动更加透明、诉讼结果更可预期。

22. 充分发挥现代信息技术促进司法公开作用

全力推动智慧法院由初步形成向全面建设迈进，逐步实现全业务网上办理、全流程依法公开、全方位智能服务。探索大数据、云计算、人工智能、区块链等现代信息技术在司法公开中的深度应用，推动实现司法信息自动生成、智能分析、全程留痕、永久可追溯等功能，进一步提高司法公开自动化信息化智能化水平。深入开展司法大数据挖掘研究和拓展应用，推进全国法院全面实现电子卷宗随案同步生成和深度应用工作，加强中国司法大数据研究院建设，深化司法大数据研究成果转化利用。大力加强网络安全建设，切实维护人民法院信息数据安全。

23. 增强司法公开平台服务民族地区群众和对外宣传功能

加强最高人民法院、民族地区人民法院政务网站和其他重要司法公开平台的民族语言版块建设，积极推进重要司法公开内容的民族语言译制工作，切实保障民族地区群众参与司法、监督司法的权利，更好满足民族地区群众司法需求。加强最高人民法院政务网站、国际商事法庭网站等司法公开平台的外文版建设，强化对外宣传服务功能。海事法院和对外交往频繁、涉外案件较多的法院根据自身条件，推进司法公开平台外文版或外文版块建设，开展多语言译制和对外宣传推介工作。

24. 加强与新闻媒体的良性互动

进一步畅通与新闻媒体的合作渠道，充分运用新闻媒体资源，主动接受舆论监督。加强人民法院新闻发布工作，建立完善人民法院新闻发言人制度，健全优秀新闻发言人培养选拔机制。逐步建立覆盖全国法院的例行新闻发布制度，完善和规范新闻发布流程标准，及时权威发布人民法院工作重大举措和社会关注热点案件等重要司法信息。

25. 加强人民法院自有媒体建设和新闻宣传工作

加强人民法院自有传统媒体和新媒体平台的建设管理，促进传统媒体与新媒体融合发展，充分运用各类新媒体平台，拓宽司法公开渠道，提升司法公开效果。加强新时代人民法院新闻舆论宣传工作，自觉承担起举旗帜、聚民心、育新人、兴文化、展形象的使命任务，牢牢把握正确舆论导向，充分展现法治中国建设和司法事业发展重大成就，广泛传播社会正能量。

（五）强化组织保障

26. 落实司法公开工作责任制

各级人民法院要将司法公开工作列入重要议事日程，建立健全司法公开工作责任制，加强组织领导，统筹协调推进，进一步提升司法公开保障水平。各级人民法院院长承担本单位司法公开领导责任，每年至少听取一次司法公开工作汇报，研究部署和督促落实深化司法公开重点工作。细化实化各责任部门工作职责，严格按照职责权限落实具体责任，推动司法公开工作不断向纵深发展。

27. 完善评估督导和示范引领机制

健全司法公开工作成效评估机制，纳入人民法院绩效考核体系，加强对司法公开准确性及时性全面性、平台载体建设、制度落实情况、群众满意度等方面的评估。完善司法公开工作督导制度，加大上级法院对下监督指导力度，督促落实司法公开工作责任制，确保深化司法公开各项政策举措落地见效。发挥司法公开示范法院典型引领作用，逐步扩大示范法院范围，总结推广示范法院先进经验，引领全国法院司法公开工作持续向更大范围、更高层次和更深程度推进。

28. 加强司法公开业务培训

坚持需求导向，开展司法公开培训交流，加强司法公开政策理论学习和业务能力锻炼。将司法公开业务培训纳入国家法官学院及其分院等培训规划和常态化培训课程。人民法院领导干部要准确把握司法公开新部署新要求，切实提高站位，及时更新理念，增强运用司法公开推动法院工作的本领，提高在信息时代背景下解读司法政策、回应社会关切能力。

29. 加强司法公开调查研究

扎实开展司法公开实践调研和理论研究，准确把握人民群众对深化司法公开工作的新要求新期待。注重总结司法公开实践好经验好做法，提炼规律性认识，促进形成高质量理论研究成果和制度转化成果。坚持问题导向，着力解决制约司法公开优化升级的深层次问题，立足中国司法实际积极吸收借鉴域外司法公开理论成果和实践经验，深入推进司法公开理论创新、制度创新和实践创新。

30. 健全司法公开监督体系

拓宽司法公开监督渠道，畅通民意沟通表达机制，自觉接受人大监督、民主监督、检察机关诉讼监督和社会各界监督。充分发挥司法公开平台的监督和互动功能，建立健全意见建议、监督投诉的收集、分析、转化和反馈机制，认真汲取人民群众提出的意见建议，及时研究解决反映的重大问题，主动公布采纳建议、解决问题等情况，更好加强和改进人民法院工作。

31. 加强法治宣传教育

加强司法公开工作宣传，引导当事人和社会公众正确认识司法公开，更好掌握获取司法公开信息的途径方法，确保人民法院深化司法公开的政策、举措、成效为公众知悉、受公众检验、被公众认可。严格落实"谁执法谁普法"的普法责任制,通过多种形式的司法公开工作,进一步传播宪法法律知识,增强全民法治观念,大力弘扬社会主义核心价值观,推进法治国家、法治政府、法治社会一体建设。

各级人民法院要充分认识进一步深化司法公开工作的重大意义,切实把思想和行动统一到党中央决策部署上来,认真落实本意见要求,进一步明确本辖区本单位司法公开重点任务,制定实施办法,细化具体措施,狠抓工作落实,推动形成全面深化司法公开新格局,奋力推进新时代人民法院工作实现新发展。

最高人民法院

2018 年 11 月 20 日

三 最高人民法院
关于人民法院通过互联网公开审判流程信息的规定

法释〔2018〕7号

(2018年2月12日最高人民法院审判委员会第1733次会议通过,自2018年9月1日起施行)

为贯彻落实审判公开原则,保障当事人对审判活动的知情权,规范人民法院通过互联网公开审判流程信息工作,促进司法公正,提升司法公信,根据《中华人民共和国刑事诉讼法》《中华人民共和国民事诉讼法》《中华人民共和国行政诉讼法》《中华人民共和国国家赔偿法》等法律规定,结合人民法院工作实际,制定本规定。

第一条 人民法院审判刑事、民事、行政、国家赔偿案件的流程信息,应当通过互联网向参加诉讼的当事人及其法定代理人、诉讼代理人、辩护人公开。

人民法院审判具有重大社会影响案件的流程信息，可以通过互联网或者其他方式向公众公开。

第二条 人民法院通过互联网公开审判流程信息，应当依法、规范、及时、便民。

第三条 中国审判流程信息公开网是人民法院公开审判流程信息的统一平台。各级人民法院在本院门户网站以及司法公开平台设置中国审判流程信息公开网的链接。

有条件的人民法院可以通过手机、诉讼服务平台、电话语音系统、电子邮箱等辅助媒介，向当事人及其法定代理人、诉讼代理人、辩护人主动推送案件的审判流程信息，或者提供查询服务。

第四条 人民法院应当在受理案件通知书、应诉通知书、参加诉讼通知书、出庭通知书中，告知当事人及其法定代理人、诉讼代理人、辩护人通过互联网获取审判流程信息的方法和注意事项。

第五条 当事人、法定代理人、诉讼代理人、辩护人的身份证件号码、律师执业证号、组织机构代码、统一社会信用代码，是其获取审判流程信息的身份验证依据。

当事人及其法定代理人、诉讼代理人、辩护人应当配合受理案件的人民法院采集、核对身份信息，并预留有效的手机号码。

第六条　人民法院通知当事人应诉、参加诉讼，准许当事人参加诉讼，或者采用公告方式送达当事人的，自完成其身份信息采集、核对后，依照本规定公开审判流程信息。

当事人中途退出诉讼的，经人民法院依法确认后，不再向该当事人及其法定代理人、诉讼代理人、辩护人公开审判流程信息。

法定代理人、诉讼代理人、辩护人参加诉讼或者发生变更的，参照前两款规定处理。

第七条　下列程序性信息应当通过互联网向当事人及其法定代理人、诉讼代理人、辩护人公开：

（一）收案、立案信息，结案信息；

（二）检察机关、刑罚执行机关信息，当事人信息；

（三）审判组织信息；

（四）审判程序、审理期限、送达、上诉、抗诉、移送等信息；

（五）庭审、质证、证据交换、庭前会议、询问、宣判等诉讼活动的时间和地点；

（六）裁判文书在中国裁判文书网的公布情况；

（七）法律、司法解释规定应当公开，或者人民法院认为可以公开的其他程序性信息。

第八条 回避、管辖争议、保全、先予执行、评估、鉴定等流程信息，应当通过互联网向当事人及其法定代理人、诉讼代理人、辩护人公开。

公开保全、先予执行等流程信息可能影响事项处理的，可以在事项处理完毕后公开。

第九条 下列诉讼文书应当于送达后通过互联网向当事人及其法定代理人、诉讼代理人、辩护人公开：

（一）起诉状、上诉状、再审申请书、申诉书、国家赔偿申请书、答辩状等诉讼文书；

（二）受理案件通知书、应诉通知书、参加诉讼通知书、出庭通知书、合议庭组成人员通知书、传票等诉讼文书；

（三）判决书、裁定书、决定书、调解书，以及其他有中止、终结诉讼程序作用，或者对当事人实体权利有影响、对当事人程序权利有重大影响的裁判文书；

（四）法律、司法解释规定应当公开，或者人民法院认为可以公开的其他诉讼文书。

第十条 庭审、质证、证据交换、庭前会议、调查取证、勘验、询问、宣判等诉讼活动的笔录，应当通过互联网向当事人及其法定代理人、诉讼代理人、辩护人公开。

第十一条 当事人及其法定代理人、诉讼代理人、辩护人申请查阅庭审录音录像、电子卷宗的,人民法院可以通过中国审判流程信息公开网或者其他诉讼服务平台提供查阅,并设置必要的安全保护措施。

第十二条 涉及国家秘密,以及法律、司法解释规定应当保密或者限制获取的审判流程信息,不得通过互联网向当事人及其法定代理人、诉讼代理人、辩护人公开。

第十三条 已经公开的审判流程信息与实际情况不一致的,以实际情况为准,受理案件的人民法院应当及时更正。

已经公开的审判流程信息存在本规定第十二条列明情形的,受理案件的人民法院应当及时撤回。

第十四条 经受送达人书面同意,人民法院可以通过中国审判流程信息公开网向民事、行政案件的当事人及其法定代理人、诉讼代理人电子送达除判决书、裁定书、调解书以外的诉讼文书。

采用前款方式送达的,人民法院应当按照本规定第五条采集、核对受送达人的身份信息,并为其开设个人专用的即时收悉系统。诉讼文书到达该系统的日期为送达日期,由系统自动记录并生成送达回证归入电子卷宗。

已经送达的诉讼文书需要更正的,应当重新

送达。

第十五条 最高人民法院监督指导全国法院审判流程信息公开工作。高级、中级人民法院监督指导辖区法院审判流程信息公开工作。

各级人民法院审判管理办公室或者承担审判管理职能的其他机构负责本院审判流程信息公开工作，履行以下职责：

（一）组织、监督审判流程信息公开工作；

（二）处理当事人及其法定代理人、诉讼代理人、辩护人对审判流程信息公开工作的投诉和意见建议；

（三）指导技术部门做好技术支持和服务保障；

（四）其他管理工作。

第十六条 公开审判流程信息的业务规范和技术标准，由最高人民法院另行制定。

第十七条 本规定自 2018 年 9 月 1 日起施行。最高人民法院以前发布的司法解释和规范性文件与本规定不一致的，以本规定为准。

四 最高人民法院关于人民法院在互联网公布裁判文书的规定

法释〔2016〕19号

(2016年7月25日最高人民法院审判委员会第1689次会议通过,自2016年10月1日起施行)

为贯彻落实审判公开原则,规范人民法院在互联网公布裁判文书工作,促进司法公正,提升司法公信力,根据《中华人民共和国刑事诉讼法》《中华人民共和国民事诉讼法》《中华人民共和国行政诉讼法》等相关规定,结合人民法院工作实际,制定本规定。

第一条 人民法院在互联网公布裁判文书,应当依法、全面、及时、规范。

第二条 中国裁判文书网是全国法院公布裁判文书的统一平台。各级人民法院在本院政务网站及司法公开平台设置中国裁判文书网的链接。

第三条 人民法院作出的下列裁判文书应当在互联网公布：

（一）刑事、民事、行政判决书；

（二）刑事、民事、行政、执行裁定书；

（三）支付令；

（四）刑事、民事、行政、执行驳回申诉通知书；

（五）国家赔偿决定书；

（六）强制医疗决定书或者驳回强制医疗申请的决定书；

（七）刑罚执行与变更决定书；

（八）对妨害诉讼行为、执行行为作出的拘留、罚款决定书，提前解除拘留决定书，因对不服拘留、罚款等制裁决定申请复议而作出的复议决定书；

（九）行政调解书、民事公益诉讼调解书；

（十）其他有中止、终结诉讼程序作用或者对当事人实体权益有影响、对当事人程序权益有重大影响的裁判文书。

第四条 人民法院作出的裁判文书有下列情形之一的，不在互联网公布：

（一）涉及国家秘密的；

（二）未成年人犯罪的；

（三）以调解方式结案或者确认人民调解协议效

力的，但为保护国家利益、社会公共利益、他人合法权益确有必要公开的除外；

（四）离婚诉讼或者涉及未成年子女抚养、监护的；

（五）人民法院认为不宜在互联网公布的其他情形。

第五条 人民法院应当在受理案件通知书、应诉通知书中告知当事人在互联网公布裁判文书的范围，并通过政务网站、电子触摸屏、诉讼指南等多种方式，向公众告知人民法院在互联网公布裁判文书的相关规定。

第六条 不在互联网公布的裁判文书，应当公布案号、审理法院、裁判日期及不公开理由，但公布上述信息可能泄露国家秘密的除外。

第七条 发生法律效力的裁判文书，应当在裁判文书生效之日起七个工作日内在互联网公布。依法提起抗诉或者上诉的一审判决书、裁定书，应当在二审裁判生效后七个工作日内在互联网公布。

第八条 人民法院在互联网公布裁判文书时，应当对下列人员的姓名进行隐名处理：

（一）婚姻家庭、继承纠纷案件中的当事人及其法定代理人；

（二）刑事案件被害人及其法定代理人、附带民事诉讼原告人及其法定代理人、证人、鉴定人；

（三）未成年人及其法定代理人。

第九条 根据本规定第八条进行隐名处理时，应当按以下情形处理：

（一）保留姓氏，名字以"某"替代；

（二）对于少数民族姓名，保留第一个字，其余内容以"某"替代；

（三）对于外国人、无国籍人姓名的中文译文，保留第一个字，其余内容以"某"替代；对于外国人、无国籍人的英文姓名，保留第一个英文字母，删除其他内容。

对不同姓名隐名处理后发生重复的，通过在姓名后增加阿拉伯数字进行区分。

第十条 人民法院在互联网公布裁判文书时，应当删除下列信息：

（一）自然人的家庭住址、通讯方式、身份证号码、银行账号、健康状况、车牌号码、动产或不动产权属证书编号等个人信息；

（二）法人以及其他组织的银行账号、车牌号码、动产或不动产权属证书编号等信息；

（三）涉及商业秘密的信息；

（四）家事、人格权益等纠纷中涉及个人隐私的信息；

（五）涉及技术侦查措施的信息；

（六）人民法院认为不宜公开的其他信息。

按照本条第一款删除信息影响对裁判文书正确理解的，用符号"×"作部分替代。

第十一条 人民法院在互联网公布裁判文书，应当保留当事人、法定代理人、委托代理人、辩护人的下列信息：

（一）除根据本规定第八条进行隐名处理的以外，当事人及其法定代理人是自然人的，保留姓名、出生日期、性别、住所地所属县、区；当事人及其法定代理人是法人或其他组织的，保留名称、住所地、组织机构代码，以及法定代表人或主要负责人的姓名、职务；

（二）委托代理人、辩护人是律师或者基层法律服务工作者的，保留姓名、执业证号和律师事务所、基层法律服务机构名称；委托代理人、辩护人是其他人员的，保留姓名、出生日期、性别、住所地所属县、区，以及与当事人的关系。

第十二条 办案法官认为裁判文书具有本规定第四条第五项不宜在互联网公布情形的，应当提出书面意见及理由，由部门负责人审查后报主管副院长审定。

第十三条 最高人民法院监督指导全国法院在互

联网公布裁判文书的工作。高级、中级人民法院监督指导辖区法院在互联网公布裁判文书的工作。

各级人民法院审判管理办公室或者承担审判管理职能的其他机构负责本院在互联网公布裁判文书的管理工作，履行以下职责：

（一）组织、指导在互联网公布裁判文书；

（二）监督、考核在互联网公布裁判文书的工作；

（三）协调处理社会公众对裁判文书公开的投诉和意见；

（四）协调技术部门做好技术支持和保障；

（五）其他相关管理工作。

第十四条 各级人民法院应当依托信息技术将裁判文书公开纳入审判流程管理，减轻裁判文书公开的工作量，实现裁判文书及时、全面、便捷公布。

第十五条 在互联网公布的裁判文书，除依照本规定要求进行技术处理的以外，应当与裁判文书的原本一致。

人民法院对裁判文书中的笔误进行补正的，应当及时在互联网公布补正笔误的裁定书。

办案法官对在互联网公布的裁判文书与裁判文书原本的一致性，以及技术处理的规范性负责。

第十六条 在互联网公布的裁判文书与裁判文书原本不一致或者技术处理不当的，应当及时撤回并在纠正后重新公布。

在互联网公布的裁判文书,经审查存在本规定第四条列明情形的,应当及时撤回,并按照本规定第六条处理。

第十七条 人民法院信息技术服务中心负责中国裁判文书网的运行维护和升级完善,为社会各界合法利用在该网站公开的裁判文书提供便利。

中国裁判文书网根据案件适用不同审判程序的案号,实现裁判文书的相互关联。

第十八条 本规定自 2016 年 10 月 1 日起施行。最高人民法院以前发布的司法解释和规范性文件与本规定不一致的,以本规定为准。

参考文献

一 学术专著类

沈德咏主编：《司法公开实践探索》，中国法制出版社2012年版。

蒋惠岭主编：《司法公开理论问题》，中国法制出版社2012年版。

李林、田禾主编：《法治蓝皮书：中国法院信息化发展报告No.2（2018）》，社会科学文献出版社2018年版。

李林、田禾主编：《法治蓝皮书：中国法治发展报告No.16（2018）》，社会科学文献出版社2018年版。

田禾、吕艳滨：《司法公开：由朦胧到透明的中国法院——浙江法院阳光司法第三方评估》，中国社会科学出版社2017年版。

田禾主编：《司法透明国际比较》，社会科学文献出版社2013年版。

王小梅、栗燕杰、张文广等：《中国司法透明度（2011—2016）》，社会科学文献出版社2017年版。

高一飞、龙飞等：《司法公开基本原理》，中国法制出版社2012年版。

高一飞等：《阳光下的审判——司法公开实施机制研究》，法律出版社2017年版。

倪寿明主编：《让正义经得起"围观"——司法公开数字信息三大平台建设》，人民法院出版社2016年版。

孙午生：《当代中国司法公开研究》，南开大学出版社2013年版。

二 期刊论文类

田禾：《法治指数及其研究方法》，《中国社会科学院研究生院学报》2015年第3期。

田禾：《量化研究：衡量法治的尺度》，《中国应用法学》2017年第1期。

后　记

　　司法公开是司法权力运行的本质要求，是维护司法公正、提升司法公信力的有力保障。中华人民共和国成立以来，尤其是改革开放四十年来，中国的司法公开从传统的审判公开，到现在审判流程、裁判文书、执行信息和庭审的全方位公开，从过去的旁听案件审判，到现在随时随地获取审判流程信息、执行流程信息，查阅各类裁判文书，甚至在线围观庭审直播，司法公开发生了翻天覆地的变化。发展到今天，全国法院可公开的生效裁判文书已经可以一网打尽，汇集在中国裁判文书网的海量裁判文书可以满足人们知晓案件审判结果的需求，也给全社会提供了海量的司法大数据，有助于研判社会形势、掌握法律制度运行情况、分析个案法律风险；当事人也可以通过专门的网站平台、移动终端等及时查询获取处于审理、执行过程中的案件的流程节点信息，方便其明明白白打官司。

这个过程是依靠不断完善的司法公开制度有序推进的，也是在信息技术日新月异的推动下逐步实现的。这种变化是人民法院正面回应人民群众知晓案件审判过程与结果这一迫切而合理诉求的集中体现，是倒逼司法权力规范运行的必然选择，更是消除社会猜疑、提升司法公信力的必经之路。这也是"四个自信"的集中体现，其归根结底代表了中国的进步和全面依法治国的巨大成就。

中国共产党第十九次全国代表大会提出，中国特色社会主义进入了新时代，我国社会主要矛盾已经转化为人民日益增长的美好生活需要和不平衡不充分的发展之间的矛盾。新矛盾在依法治国领域有各种各样的体现，在司法公开领域，无疑表现为人民群众最大范围、最便捷地获取司法信息的需要与人民法院公开信息的内容、时效、方式等方面还存在不足之间的矛盾。因此，进一步深化司法公开，必须找准这一新矛盾，发现各级法院司法公开工作与人民群众需求之间的差距，进而才能不断提升司法公开的水平。正是基于这样的考虑，最高人民法院于2018年委托中国社会科学院法学研究所开展了对全国部分法院司法公开工作的第三方评估，具体由中国社会科学院国家法治指数研究中心和法学研究所法治国情调研室承担评估工作。

这是中国最高司法机关首次委托学术机构对自身的司法公开工作开展第三方评估。为了配合课题组做好评估，最高人民法院审判管理办公室协调被评估法院全方位开放了有关的办案系统、公开平台的后台，全面提供了涉及的各类司法数据，对于如何评估、评估什么、得出什么结论也全面放手。

评估坚持了客观性原则，全部使用客观数据，或者按照依据法律及司法解释设定的固定指标采集数据，以如实客观反映被评估法院司法公开的实际状况。评估坚持了结果导向，重在评价落实司法公开效果的情况，换言之，法院做了再多工作，如果没有把相关信息较好地展示给当事人和公众，其公开成效都不能说达到了预期目标。整个评估坚持了问题导向，立足于查找当前司法公开存在的问题，希望通过更多暴露问题来促进司法公开工作的进一步完善，因此，评估报告中赞誉之词较少，而问题意识较强。爱之深、责之切，揭示问题恰恰是希望司法公开做得更好！不满足现状也才能取得更大的进步。

第三方评估不是评功摆好、面子工程，而是一面镜子，如实照射出存在的问题和短板，用局外人的视角近似吹毛求疵地"挑刺"，改变法院自己审视自己时难以摆脱的"不识庐山真面目，只缘身在此山中"

的良好自我感觉。第三方评估不是满意度评价，而是依据法律和司法解释设定指标、用客观的数据和方法，对司法公开的实际效果作出不掺杂个人感情的评判。第三方评估也不是法院自己评价自己，不是其自说自话，而是由中立、专业的机构基于公众需求导向、依据客观的结果作出结论，有助于在法院与人民群众之间建立沟通的桥梁，并有效对接司法公开工作与人民群众的实际需求，提升结果的公信力。

对于我们的团队而言，2010年以来，课题组就已经在做司法公开的第三方评估，每年通过《法治蓝皮书》发布评估报告。2013—2015年，课题组曾受浙江省高级人民法院委托，对全省三级105家法院进行了陆续3年的阳光司法指数评估。整个评估坚持了"四不"原则，即不提前通知、不提前布置、不作动员、不告知测评科目，每年评估下来，一批批问题清单引导着法院不断细化、优化司法公开工作。之后，阳光司法评估在北京市、广西壮族自治区、重庆市渝北区等都开展过。数年之间，通过评估，我们的团队与法院结缘，与法院并肩而行，并在点点滴滴之间推动和见证了中国司法公开的巨大进步，这让我们团队的每个成员都倍感骄傲！我们也钦佩于最高人民法院及全国法院在推进司法公开工作上的决心、毅力，虽然目前的司法公开还面临各种问题，还有各种不尽如人意之处，甚至很多地方还难以满足案件当事人和社会公众的需求，但我们有理由相信，未来的中国法院会越来越透明、越来越开放。

以国家智库报告的形式呈现本次第三方评估结果，也是秉持"司法公开评估，结果更应公开"的理念，客观展示司法公开的进展，让社会分享评估结果，引发各界共鸣，一道为深化司法公开工作建言献策。

作者

2019 年 1 月

田禾，现任中国社会科学院国家法治指数研究中心主任，法学研究所研究员、法治指数创新工程项目组首席研究员，"法治蓝皮书"主编，主要研究领域为实证法学、刑事法治、司法制度等。

吕艳滨，现任中国社会科学院国家法治指数副主任，法学研究所研究员、法治国情调研室主任，"法治蓝皮书"执行主编，主要研究领域为行政法、信息法、实证法学等。

中国社会科学院国家法治指数研究中心
法学研究所法治指数创新工程项目组
重点书目

一 中社智库·国家智库报告

1. 中国政务公开第三方评估报告（2017）
2. 中国法院信息化第三方评估报告
3. 政府采购透明度评估报告（2016）
4. 人民法院基本解决执行难第三方评估报告（2016）
5. 标准公开的现状与展望：以政府主导制定的标准为样本

二 中社智库·地方智库报告

1. 社会治理：潍坊智慧城市实践
2. 社会治理：珠海平安社会建设
3. 社会治理：新时代"枫桥经验"的线上实践

三 中社智库·年度报告

1. 中国政府透明度（2018）

四 其他重点书

1. 法治建设的中国路径（理解中国丛书）
2. 司法公开：由朦胧到透明的中国法院（法治中国丛书）